Maurer · Und Gott spricht Armenisch

Herbert Maurer

Und Gott spricht Armenisch

Zwischen Menschen und Sprache

/ KLEVER / Literatur /

ISBN 978-3-902665-89-8

2. Auflage, Wien 2018
Umschlaggrafik: k-lab Media Design GmbH, Eduard Mang
Coverbild: © Shutterstock
Herstellung: Bookpress

Vorwort

„Kaum eine Frau ist schöner als die armenische Sprache".

Dieses Zitat, das indisch, aber auch persisch, vielleicht auch österreichisch sein könnte, ist kaum einem Sprachwissenschafter bekannt. Doch es stimmt: Kaum eine Sprache hat einen solchen Zauber wie das Armenische, kaum eine Sprache bleibt bei aller Kompliziertheit doch charmant, klingt gut in der Nacht und unter Tags, mit oder ohne Musik, beim Streiten und beim Beten. Die Grammatik des Armenischen versteht man weniger durch Bücher als durch die Landschaft und Architektur.

Das Sprechen setzt einen in Bewegung, bringt einen auf die Reise von Mensch zu Mensch. Das Hören lädt in die Vergangenheit ein und in die Weingärten, in denen fast immer die Sonne scheint, weil es nicht immer Strom gibt und die Kälte der Nacht oft an die Vergangenheit erinnert, eine Kälte, die man auch unter der Sonne noch schmeckt.

Strenge, Grammatik, Konzentration und der gute Geschmack der Vokale, das gehört zusammen, so wie Lesen und Reisen für Armenier stets zusammengehören. Menschen, die stets international gelebt haben und leben, denen Grenzen relativ sind, die klug und sprachgewandt ihre Kultur, ihre Literatur über alle Katastrophen hinweg gerettet haben.

Ein Land am Ende der Welt, über Jahrtausende am Kreuzungspunkt der ältesten Kulturen, ein vergessenes Land mit Hoffnung auf Zukunft. Immerhin hat sich die kleine Republik im Süden des Kaukasus durch die sowjetische Zeit und die Umbrüche der Systeme gerettet, wenn auch große Teile des historischen Landes im heutigen Ostanatolien verloren sind. Das Jahr 2015 bedeutet vor allem auch Gedenken an 100 Jahre Völkermord, an den ersten Holocaust im 20. Jahrhundert.

Für die Armenier ist diese nur von Teilen der Weltgemeinschaft anerkannte Katastrophe zweierlei: Stolz auf die eigene Kultur, Zukunft in gelebter Internationalität, Perspektive für neue, weltoffene Varianten des Eigenen, Neuerfindung einer nationalen und internationalen Identität, Verantwortung für das Leiden anderer.

Wie lässt sich aber die Realität ins Poetische übersetzen? Wie funktioniert der Widerspruch zwischen Sowjetsozialismus von früher und uraltem Christentum heute? Wie erfindet sich ein Land, ein Volk im internationalen Kontext neu? Über viele Jahrhunderte galten die Armenier als die Übersetzer schlechthin: zwischen Orient und Okzident, zwischen Mittelalter und Moderne. Wie kann man das heutige Armenien literarisch übersetzen?

Das Lesen soll zur Reise werden, zum Abenteuer zwischen dem biblischen Berg Ararat und den Kaffeehäusern des modernen Yerevan der jungen Generation, zwischen den Geheimnissen des Mittelalters mit seinen Klöstern und der schillernden Welt der Jazz- und Film-Festivals, zwischen Kriegsalltag in Nagorny Karabach, der Not eines von den Nachbarn isolierten Landes und der Hoffnung auf eine bessere Zukunft – Armenien ist mitten in der Welt und zwischen den Welten.

Dieses Buch hätte auch den Titel „Armenien Ahoi“ tragen können. Das ergibt sich logisch aus der Tatsache, dass Armenien zwar keinen Zugang zum Meer hat, dass sie aber immer das Meer riechen …

Was erwartet Sie, wenn Sie dieses Buch in die Hand nehmen, blättern, lesen? Es geht darum, dass Menschen, Kultur und Sprache zusammengehören – es geht um die Lebendigkeit!

Die Menschen
Wenn es um Menschen geht, dann um die komplizierten Formen des Überlebens im Alltag in einer Welt, die einem den Verstand raubt, in der aber genau dieser Verstand gebraucht wird. Nur das Verstehen, das einander Verstehen hält uns am Leben, das „einander Lesen“. Die Armenier haben diese Kunst verinnerlicht und deshalb leben sie trotz aller Verfolgung inmitten vieler Kulturen noch weiter. Mit dem Stolz auf ihre Literatur, auf ihre Sprache, mit dem Stolz darauf, dass in einem steinigen, kleinen Land immer noch gelebt und gedacht und geträumt wird. Alles ist wirklich, nichts ist erfunden.

Die Sprache
Diese Sprache kann kaum jemand beherrschen, außer die Armenier selbst. Wer will sie schon lernen, wer hat den Mut dazu, die Zeit, die Geduld, die Hingabe? Die Sprache ist wohl auch ein Schutz, um man selbst sein zu können, über die vielen Jahrhunderte hinweg. Umso mehr ist das Armenische ein Reichtum, in der Literatur und im Stil des menschlichen Umgangs.

Das Wörterbuch
In diesem Wörterbuch, in dem ausschließlich auf Begriffe im Text Bezug genommen wird, erhebt der Autor keinen Anspruch auf Vollständigkeit und Objektivität. Armenien

erklärt sich nur durchs Reisen. Schlafen, Schwimmen, Singen oder Reiten, vor allem aber Lesen – nichts ist verboten, es muss nur gelebt werden.

DIE MENSCHEN

Telegramme schicken, das ist wie hoch in der Luft leben – oder tief unter der Erde. Herr Adamyan kann das bis heute, er ist Schauspieler, Regisseur und Techniker zugleich.

Telegramme schicken, das ist aber auch wie Jonglieren, Telegramme schicken ist ein Spiel, das die Zeit überlistet. Man überholt die eigenen Worte wie im Flug oder bleibt bei ihnen – hoch in der Luft oder tief unter der Erde auf den Fersen. In der Luft riecht es nach frischen Schwalben, die in Armenien schneller und höher, aber auch trauriger fliegen als anderswo, oder unter der Erde, wo es nach gutem alten Wein riechen muss, wie man sagt – aber wer sagt das schon?

Am Himmel lachen Flugzeuge, unter der Erde sprechen die Toten mit den Damen von der Post, mit den Telegraphistinnen, oder flüstern lachend. Telegramme flogen und fliegen am besten, wenn sie auf der Yerevaner Hauptpost aufgegeben werden.

Seinerzeit, am Leninplatz, in einem der vier halbrunden Paläste, die den Platz umgeben: rosarot wie frisches Fleisch, stolz auf den Sieg der Revolution stehen sie bis heute da und beherbergen ganz anderes. Neben der Statue Lenins, mit ihrer stolzen Geste, die es heute nicht mehr gibt, oder die irgendwo rostet und schläft, ist das frische Fleisch der Zukunft immer noch da, wenn es noch frisch ist, die fleischfarbenen Steine sind jedenfalls sehr alt, und eine Armenierin, die nicht aus Stein ist, kann auch sehr jung sein. Gar nicht so ganz im Gegensatz zur „Mutter Armenien“, hoch über der Nationalbibliothek. Eine stolze Frau, die dort steht, wo einst eine Stalin-Statue hätte stehen sollen – der Schnurrbart ist der Nation erspart geblieben.

Seinerzeit, als die armenischen Schauspieler noch jung waren und auf der Straße gegrüßt wurden, zwischen dem einen und dem anderen Telegramm (im fleischfarbenen Hauptpostgebäude), traf man sich dort unter der linken Brust der Mutter Armenien, allerdings nicht mit den Telegraphistinnen, deren Erziehung viel zu streng, deren Schrift viel zu steif war, also unrund im wahrsten Sinn des Wortes, wobei das Armenische im Gegensatz zum Georgischen ganz und gar kein „rundes“ Alphabet hat …

Wenn man oben unter der Mutter – deren Kinder allerdings immer weniger werden, viele wandern aus – noch Zeit hatte, sich zu unterhalten, dann war auch wirklich Zeit. Etwa über den Schauspieler, der als Soldat ein Spielzeugauto sehr fürsorglich und deshalb auch streng, mit einem Hauch von Wut hinter sich herzog. Seine gespielte Leidenschaft dafür hätte ihn fast hinter Gitter gebracht, bevor er zum Porträtmaler der Generäle und der Generalshunde avancierte, was auch als Strafversetzung verstanden werden konnte.

Oder, immer noch unter der linken Brust der „Mutter Armenien“ oder hinter einer Taxushecke oder unter einem Olivenbaum, meist ohne Kleider am Leib, beeilte man sich (kurz aber herzlich), einen Moment zu erinnern, in einem Film. Da sagt der eine Hirte zum anderen, ein gestohlenes Schaf kauend, unter dem Sternenhimmel: „Es gibt uns, die Armenier, und nichts anderes – aber auch *Österreich*“.

„Doch die Liebe ist noch stärker als das Lachen“, ein Satz, den der Schauspieler vielleicht nicht so gesprochen hätte, vor allem aber nicht die Telegraphistin, seine geheime Todfeindin, der er aber stets entkommen konnte, und zwar mit roten Schuhen, die sich wohl auch Lenin gewünscht hätte, als er noch jung war und noch nicht vor sich hin rosten musste. Außerdem liebte der erwachsene Wladimir Iljitsch nichts so sehr wie Telegramme, allerdings zu einer Zeit, da die beiden, der Schauspieler und seine Telegraphistin, unter der linken Brust der Mutter Armenien längst noch nicht auf der Welt waren.

Arman ist Dichter und deshalb ein zerbrechlicher Mensch – und dennoch oder gerade deshalb unverwüstlich.

Nördlich der Hauptstadt, und je nördlicher desto mehr, kann die Umarmung einer Tante, Großtante oder Urgroßtante gefährlich sein, vor allem für Dichter, sogar für armenische Dichter, die eine gewisse Übung im Umarmen und Umarmtwerden vorweisen können. Je nördlicher, desto gefährlicher, am gefährlichsten ohne Zweifel in Berg Karabach, wo die Tanten, Großtanten und Urgroßtanten keine Gnade kennen. Einem zarten Poeten soll eine von ihnen sogar die Rippen gebrochen haben, in aller Herzlichkeit, sozusagen. Immerhin hat die Familie, vor allem in Berg Karabach, stets ein Rezept parat, denn alles muss geheilt werden: die Rippen, der Kopf mit dem Einschussloch, die verunglückte Geschichte, die verwundete Geschichte, die Dummheit welches Präsidenten auch immer, die schlechte Literatur, vor allem aber die durch eine liebevolle Umarmung verwundete Lunge des guten Literaten, des Neffen, Großneffen oder Urgroßneffen. Je weiter im Norden, in den Bergen, in Karabach, desto schneller und strenger wird geheilt, im Gegensatz zu Yerevan, wo man nur durch eine gut gehütete Krankheit halbwegs überlebt. Jene Methode, die Lunge des Neffen oder Urgroßneffen zu heilen, um ihn, den Dichter, weiterhin schmerzlos dichten zu lassen, und zwar nicht nur Geburtstagsgedichte, sondern Todesfugen und Luftgeschichten und Radfahrerepen und Liebesgeschichten, die im letzten Unterseeboot spielen, oder Erdbebenkomödien, aserbeidschanische Libretti, georgische Trinklieder, Abhandlungen über den

Sinn oder Unsinn des Mittelalters für Armenien, alles, was ein richtiger Dichter eben zu tun hat, vor allem einer, den die Tante, Großtante oder Urgroßtante zwar fast zu Tode umarmt, dann aber auch wieder geheilt hat, wie man das eben so tut, vor allem nördlich von Yerevan, je nördlicher, desto besser.

Das Rezept fürs Reparieren der Lunge und der Rippen ist sehr einfach: Luftballons. Mindestens 50 Luftballons musste der Neffe oder Großneffe oder Urgroßneffe täglich aufblasen, und das über Wochen. Er lebt immer noch, gesünder als jemals zuvor – und dichtet, lässt sich aber nicht mehr umarmen, vielleicht, mit aller Vorsicht, von seiner Frau – oder anders von seiner Freundin, die wiederum eine Freundin seiner Frau und die Nichte der Großnichte seiner Urgroßtante oder Großtante sein könnte – das weiß Gott im Himmel; und Gott spricht Armenisch.

Atom Egoyan hat Armenien von Kanada aus neu verstanden, vielleicht auch im Stil von Thomas Bernhard, hassend und liebend. Seine Filme lassen einen das Land nicht nur spüren, sondern auch verstehen – oder umgekehrt.

Für den Regisseur waren Verkehrszeichen heilig und sind es wahrscheinlich immer noch. Ein kanadischer Armenier denkt sehr österreichisch, österreichischer, als einem Armenier in Armenien, vor allem auf dem Flughafen der Hauptstadt Armeniens, einem der traurigsten Flughäfen der Welt, inspiriert von der Architektur einer Hoffnung, die mittlerweile ziemlich zerbröselt ist, die einem Landsmann von Thomas Bernhard manchmal zuträglich sein mag, jenem Österreicher, der versuchte, mit dem kanadischen Armenier und seiner französischen Frau, auch Armenierin, auf ein französisches Flugzeug zu warten, das nicht kommen wollte.

Die Demontage des Verkehrszeichens, mitten in der Nacht, bedeutete für den Österreicher gar nichts, für viele andere aber die Zerstörung von Heimat, am Flughafen von Yerevan zum Beispiel, dem schrecklichsten Flughafen in einer der schrecklichsten Nächte der Welt, und all das wenige, sozusagen die wenigsten Tage nach dem Tod von Thomas Bernhard, den Atom wahrscheinlich noch mehr liebte als seine französische Arsine, die von ihm aber doch *mehr* geliebt wird als der längst verstorbene Österreicher, der mit dem Verkehrszeichen-Demonteur, auch einem Österreicher, nicht verwandt ist. Immerhin ist er aber das Taufkind des Schauspielers, der den kanadischen Armenier gerade noch davon abbringen konnte, ihn wegen des

Verkehrszeichens umzubringen, was die Kinderärztin aus den Bergen des Landes wohl niemals verziehen hätte, und zwar bis heute nicht. Dass dieses demontierte Verkehrszeichen (Kreisverkehr) eben jene Kinderärztin für ungefähr die Hälfte ihres Lebens glücklich gemacht hat, das konnte der kanadisch-armenische Patriot nicht wissen, aber es könnte ihm bis heute gefallen, wenn er es wüsste.

Verkehrszeichen zeigen uns den Wahnsinn zwischen Möglichkeit, Gefahr und Ordnung. Alles ist nicht zu verstehen, kann nur in dem einen entscheidenden Moment wahrgenommen werden, so, als wäre das Leben nur in diesem einen Augenblick vorschriftsmäßig vorhanden. Außerdem ist ein solches Schild ja das Letzte, was ein lebendiges Wesen, vor allem ein Mensch, zu Gesicht bekommen hat.

Weiters: in einem Kreisverkehr befindet man sich eigentlich fast immer, vor allem in einem armenischen und das noch dazu auf dem Flughafen. Denn eben dieser, nämlich der hoffnungslose Flughafen, und das konnte der kanadische Armenier nicht wissen, war die zweite Heimat des österreichischen Armeniers, der gar kein Armenier war.

Viele haben viele Tage ihres Lebens dort verbracht, bewacht von strengen Stewardessen, als „Aeroflot" noch etwas Heiliges war. Oder man vergnügte sich, vor allem als Österreicher, auf der Suche nach Piloten in den drei infrage kommenden Flughafen-Cafés. Meistens im letzten, dem verrauchtesten, waren diese auch zu finden, oft in einem furchtbaren Zustand, aber immerhin bereit, mit großer Professionalität (noch sehr sowjetisch, gut angezogen und dem Regen trotzend) nach Kiew zu starten, im wildesten Wetter, unter den gefährlichsten Umständen, nicht ohne Wodka im Hirn, denn das Leben, vor allem in einer Tupolev, kann kurz sein (Thomas Bernhard hätte das dem kanadischen Armenier noch viel besser erklären können). Da wäre der Kreisverkehr immer noch der größere Trost gewesen, vor allem mit der durch das Verkehrsschild so unendlich beschenkten Kinderärztin.

Bagrat ist einer der wenigen, die wissen, dass Wirtschaft eine Seele haben muss. Umso schwieriger und umso notwendiger ist es für ihn, Intelligenz zu leben und sie am Leben zu erhalten.

Der Wirtschaftsprofessor, ein Mensch, der in all dem Lärm von Yerevan, mitten im Geschrei ruhig sprechen konnte und es immer noch kann. Einer, der nicht laut wird, nicht einmal beim Bestellen eines Kaffees, der nicht schreit, wenn das Bier nicht kalt ist, ohne ein Bier bestellt zu haben. So einer ist eine Ausnahme und war es auch seinerzeit, damals, im Jahre 1989, in einer Stadt mit Panzern, Demonstrationen und all dem notwendigen Wahnsinn zwischen Erdbeben und Politik. In einer Stadt, wo Sacharov sich das Bier auch nicht bestellen wollte, weil er schüchtern war, wie auch Alina Staravojtova oder die baltische Kollegin mit dem unglaublichen Dekolletee und der schärfsten Zunge des ganzen Gastgartens.

Was unauslöschlich ist in der Erinnerung und mindestens so lebendig wie das Dekolletee der baltischen Kollegin vor und nach den Demonstrationen, in den Nächten der Diskussionen über Glasnost und Perestrojka, als Armenien die Versuchsstation der Erneuerung und des Zusammenbruchs eines Reiches war, ist etwas Anderes. Nicht überhörbar war da die Stille eines Menschen, der gut darüber Bescheid wusste, was zu tun war, oder die Stille eines Menschen, der einem verwirrten Armenologen, einem verirrten Übersetzer beibrachte, wie man eine Sprache spricht: durch Schweigen – oder durchs Sprechen mit geschlossenen Augen, die nicht immer geschlossen sein müssen. Im Gegenteil: mit den entsprechenden Brillen unter den richtigen

Umständen oder auch den widrigsten Umständen besonders geschärft, auch das ist ein Hauch von Opposition.

Nur so, mitten im Schweigen, lernt ein Mann (ob Armenologe oder nicht) die Grammatik. Entweder mit einer Frau im Bett, die auch gern singt, oder singend schweigt. Oder mit einem schweigenden Mann beim Kaffee, der nicht immer nur ein Kaffee sein muss. Und er erklärt, dass der Kindergarten niemals das Ende der Welt sein kann, dass es noch ein unendliches Abendessen geben wird und eine heiße Suppe am nächsten Tag, die das Herz erwärmt, und nicht nur das Herz. Einer, der weiß, dass der Knoblauch nicht nur Minister tröstet, sondern auch das Herz von einem Jahr zum andern weiter schlagen lässt, mit oder ohne Schnaps. Einer, dessen Schwager der beste Märchenerzähler der Welt war und deshalb über die Wirtschaft Armeniens die großartigsten Analysen zu bieten hat und deshalb auch unterhaltsame Geschichten über das Unglück …

Der eine schreibt Gedichte, wie ein Österreicher im tiefsten Winter Armeniens das eben so tut, der andere organisiert ein Flugzeug in der grausamsten Kälte, eine der schönsten und kaputtesten Aeroflot-Maschinen, damit alle zusammen sein können, singend und frierend.

Aber all das ist Diplomatie, übersetzt in Poesie. Der Wirtschaftsprofessor hatte damals, ohne es zu wissen, das Gedicht seines Lebens geschrieben. Die Ungewissheit, aus welchem Himmel das Flugzeug fällt, das Geheimnis seiner Landung auf welchem Kontinent auch immer, das wundersame Erscheinen der nicht so ganz erfrorenen Gäste aus Yerevan, der Jubel des Wiedersehens: Das war die beste Musik bei minus 20 Grad. Zur Eröffnung eines Kinderspitals, in dem auch Österreichisch gesprochen wird.

Der Generaldirektor aus Österreich weiß nichts davon, der Herr Minister ist, wie üblich, tief gerührt, der Sekretär freut sich innerlich, sozusagen. Der Primararzt (aus Lienz, aus Aleppo oder Jaffa oder Alexandria, alles ist wahr) ist einer, den man nur umarmen möchte, nicht nur, weil es kalt ist. Der Arzt, aus Lienz oder Aleppo, umarmt das Kind des Wirtschaftsprofessors, während das Flugzeug landet und die Blaskapelle spielt.

Der Wirtschaftsprofessor umarmt den Arzt nicht, weniger aus Unhöflichkeit, sondern aus Sorge um das rostige Flugzeug. Der Arzt spricht viele Sprachen, auch mit dem Kind, das Kind spricht die Sprache seiner Mutter und weiß nicht, dass es der Sohn eines Wirtschaftsprofessors ist, der besser um die Leiden des Geldes und um das Leid der Menschen mit Geld Bescheid weiß als die meisten anderen. Der aber jenseits des Geldes und nicht über das Geld eine stille Sprache spricht, so als gäbe es das alles nicht, die Sprache nicht und nicht das Geld, nur die Sonne auf der Straße oder das Kind im Kindergarten, aber: „Die Demonstrationen, das ist etwas zwischen Kultur und Wahnsinn, unvernünftig, aber doch sehr gut gerechnet, wenn sich viele auch für ihre Zukunft verrechnet haben könnten. Nie und nimmer aber die Kinder, im Kinderspital oder beim Singen, wenn es still ist, um die nächste Sprache zu lernen. Wir sprechen einen Kultur-Text, den irgendwann die Kinder lesen werden".

Byron, der Lord, der Dichter, der Held. Er hatte es nicht schwer, hat es sich aber schwierig gemacht und eine der schwierigsten Sprachen zu lernen versucht: Altarmenisch – God bless you.

Unter einem Maulbeerbaum in Venedig Altarmenisch zu lernen, kurz vor dem Heldentod, das war wohl das Eleganteste, was man tun konnte. Sowohl im 19. als auch im 20. Jahrhundert oder „überhaupt“, sozusagen. Das einzige Problem war die Grammatik des Altarmenischen, aufgrund derer sich die leichte Luft unter dem Maulbeerbaum ein wenig eintrübte, denn auch ein britisches Gehirn ist eben nur ein Gehirn, wenn auch britisch.

Das begann der Lord, Maulbeeren hin oder her, sehr bald zu verstehen, so wie auch Österreicher genau das bis heute verstehen, was immer auch „Verstand“ in den letzten beiden Jahrhunderten bedeutet haben mag. Grammatik ist mehr als alles andere, Grammatik kann so etwas sein wie eine Weltformel oder aber auch Folter und Kopfschmerz oder alles zusammen. Nachdem das Armenische, vor allem das Altarmenische, den Armeniern heilig ist, ist natürlich auch die Grammatik des Altarmenischen den Armeniern heilig, so wie der Blutkreislauf einem Arzt heilig ist, ob er nun ein armenischer Kinderarzt in Lienz sein mag oder nicht.

Der Lord wusste zu Beginn noch sehr wenig davon, die Idee der Insel war schon gut genug, die Existenz des guten Essens und der edlen Stille mitten in Venedig auch. Es beginnt mit acht Fällen und 36 oder 38 Buchstaben, die nicht immer wie Luftballons in den Himmel steigen. Es geht weiter mit der Anatomie, die beim Lernen der

Sprache eine armenische Anatomie zu werden beginnt, sogar für einen großbritannischen Lord in Venedig kurz vor dem Heldentod.

Immerhin gibt es bis heute *diesen* Maulbeerbaum, den einzigen Maulbeerbaum in ganz Venedig, wo meist nur Plastikpalmen zu sehen sind oder dumme Gondeln oder schlecht singende Menschen, die von Grammatik oder Grammatik der Musik ganz und gar keine Ahnung haben, oder schlechte Schauspieler oder Maler, die nicht einmal zwei Buchstaben des Alphabets buchstabieren könnten; shocking, nicht nur für den Lord. „Maulbeerbaum" bedeutet aber nach den mystischen Gesetzen der armenischen und vor allem der altarmenischen Grammatik vor allem Maulbeerschnaps!

Das bedeutet aber für einen fast abstinenten Großbritannier wiederum eine gewisse Erleichterung des Lebens und eine Erleichterung des Gehirns, was beim Erlernen des Altarmenischen durchaus zuträglich sein kann. Dadurch verschmelzen Sprache und Denken und Lesen zu einer neuen Form der Gesundheit, die von einem Lord unter dem Maulbeerbaum sicherlich geschätzt worden ist. Er hätte doch auf den Rat des Kinderarztes aus Lienz hören sollen, denn der Blutkreislauf darf, genauso wie die Grammatik, nie und nimmer unterschätzt werden – acht Fälle (im Armenischen) hin oder her.

„Man lernt im Leben alles nur einmal, vor allem das Altarmenische", sagt ein armenisches Sprichwort. „Man lernt nur einmal, dann ist man tot". Der Lord hat diese Weisheit unter seinem Maulbeerbaum beherzigt.

David. Es gibt die eigenen Söhne – und es gibt die anderen. Hrant Matevossian hat einen Sohn, der von der Schönheit der Literatur seines Vaters nicht erschlagen wurde und wird. David ist einer, der schreiben und sehen kann und Menschen dazu bewegt, sehen und schreiben zu lernen. Unter anderem übersetzt er auch für verwirrte ausländische Literaten das Land.

Manche wissen alles, manche wissen mehr. Ganz wenige können die Architektur eines hellenistischen Tempels mit der Schlachtung eines Schweines so verknüpfen, dass man nicht weiß, was zuerst hätte sein können, der Tempel oder das Schwein? Und das ist Poesie, gelebte Literatur. Wenn man auch in armenischer Tapferkeit unter seinen Gästen freundlich leidet und alles immer noch gut meint: der Tod, auch der schönste, ist noch weit entfernt, denn zuerst kommt das Schweinefleisch, dann Lieder, die niemand versteht, dann eine Herzlichkeit, die herzlicher ist als erlaubt, von wem auch immer. Schließlich spaziert man gern an die Grenze des Möglichen, mit wem auch immer, man freut sich als Tourist über die Abgründe und langweilt sich als Armenier, weil sich die Touristen über immer dieselben Abgründe freuen. Kaum jemand ist wirklich gesprungen. Wer aber gesprungen ist, über den wird auch nicht gesprochen, und wenn, dann nur im Guten. Deshalb auch der Witz (Radio Eriwan?) über die beiden Armenier, die im Zweiten Weltkrieg einen sympathischen deutschen Kriegsgefangenen erschießen. Wieso? Sonst wäre er nach dem Krieg wiedergekommen und mit ihm viele andere, man hätte tausend Mal nach Garni und Geghard fahren müssen, ein ermüdender Aufwand, der Zukunft der Kultur und der Republik nicht unbedingt zuträglich. Wenn dann doch noch einer aus der nächsten Generation zurückkommt, ist er willkommen, willkommener als ihm wohl manchmal lieb ist, denn der Maulbeerschnaps in Garni, unter den Maulbeerbäumen getrunken, von heißen Brotbäckerinnen und Schweinefleischgrillerinnen serviert, vermag einiges, mehr als nur das.

Mit unendlicher Geduld kann der Armenier, nicht nur in Garni, seine Hochkultur erklären, die Jahrtausende steigen dabei wie der Maulbeerschnaps ins Hirn, in das höfliche Hirn einer viel jüngeren Kultur, zum Beispiel der österreichischen. Aber auch die armenischen Schweinefleischgrillerinnen haben – oder hätten – einiges zu bieten, denn die Damen sind schüchtern und stolz zugleich und waren das immer schon, im Laufe der Jahrtausende. Hinzu kommt, jenseits des Schweinefleisches, dass der Konjunktiv den Armeniern relativ fremd ist, vielleicht deshalb, um sich irgendwie doch von den Österreichern zu unterscheiden, deren erotische Beziehung zum Konjunktiv ja bekannt ist, sozusagen auf internationalem Terrain, bis hin zu Friedensverhandlungen.

Das, nämlich das Bett, ist auch den heißesten armenischen Grillerinnen wiederum fremd. Hitze hat nur im Ofen stattzufinden, dort, wo Lavasch-Teig in der Tiefe der Erde an die Wand geschlagen wird. Jeder, vor allem ein Mann, ob armenisch oder nicht, wäre natürlich gern ein Stück ungebackenes Brot, ein guter Teig, der von der guten Frau an die Wand geschlagen wird, an die heißeste Wand aller Wände, an die heiße Wand der Welt zum Beispiel. Weil aber der Konjunktiv im Armenischen viel zu selten verwendet wird, findet auch diese Möglichkeit in der Wirklichkeit nicht statt, was zu einer absoluten Minimierung der Verwirklichung des Möglichen führt. Genau deshalb brauchen die Armenier eine so unendlich lange Geschichte, um manchmal vielleicht doch auf den Punkt zu kommen, welcher das auch immer sein mag. Im Gegensatz dazu bemühen sich die Österreicher als junges, sozusagen metaphysisches Volk, möglichst schnelllebig zu sein. Man tut, was man kann, das Leben ist kurz, man verwandelt so das Panierte in eine Faschingsverkleidung für allzu nacktes Fleisch, vor allem für Schweinefleisch, zum Frühstück serviert, aber auch zum Hochzeitsessen, vor allem im vierzehnten Stock (wo ist der Unterschied?).

Immerhin, jenseits der Hitze und jenseits des Brotes, lässt sich das Schwein immer wieder in einen Engel verwandeln, in einen gegrillten Engel sozusagen, in eine gebratene Störchin zum Beispiel, die dann über dem Yerevaner Hauptplatz zu Ehren Lenins abstürzt, singend natürlich, und heiß und frisch, wie das so ist in der Revolution. Oder paniert wie eine Ente im Frühling, ein Vogel mit orangem Bikini, der die Kälte liebt, aber auch Prosecco und gebratenen Speck im Schatten eines Aprikosenbaums, vor allem dann, wenn Paradjanov stirbt und niemand, nicht einmal er selbst, weiß, ob er Armenier ist oder Georgier oder Ukrainer oder einfach ein liebenswürdig verirrter Mensch zwischen den Sprachen: Armenier bleibt er trotzdem oder eben deshalb. Die Österreicher hätte Paradjanov wohl niemals verstanden, ihre unsägliche Angst vor der Nacktheit, ihren Wahnwitz, alles, was ohne Unterhose in der Welt steht oder auf dem Teller des Lebens liegt, sofort panieren zu müssen. „Nur das nackte Fleisch ist wirklich schön, ob tot oder lebendig, roh oder gegrillt", hätte Paradjanov wohl gesagt. Das Fleisch wird niemals aufgegessen, so frisch oder heiß oder nackt es auch immer sein mag. Aber – mit oder ohne Bikini – alles schmeckt gut.

Hrant ist einfach Hrant und alle wissen, wer es ist und worum es geht. Er hat die junge armenische Literatur mit ein paar gezielten Faustschlägen zu neuem Leben erweckt. Zugleich hat er jene Sanftheit der Landmenschen entdeckt, die bis dahin niemand wahrnehmen wollte. Jetzt wächst wieder etwas: Hrant Matevossian ist einer der wichtigsten Schriftsteller der neuen armenischen Literatur – Zeit für neue Wälder und frische Tiere auf neuerfundenen Weiden.

Auf einer Weide steht das Tier und denkt nach. Über sich selbst und über den Rest der Welt. Dieser Rest riecht gut oder könnte gut riechen, wenn nicht der Tod so nahe wäre. Doch auch der Tod riecht gut, vor allem für ein Tier, das noch nicht weiß, welches Tier es sein könnte.

Das Tier steht auf der Wiese und denkt an seinen Autor, der weiter erzählen sollte, der es mit seinen Sätzen weiter lieben sollte, bevor er stirbt, er, nämlich, der Autor, wie man so sagt. Denn das Sterben ist relativ, sagt der Autor, der schon tot ist, und doch wieder lebendig, weil er dem Tier ja einen Namen gegeben hat, und nicht irgendeinen. Und die Wiese ist weiß oder grün wie das Papier und das Tier so stumm wie ein Wort, das sich dann doch aussprechen lässt, mitten in der Farbe, in der Stille und im Weiß unter dem Himmel.

Er, der Autor, hat das Tier ja auch in die Landschaft gestellt, in die unmöglichste Landschaft, in die man ein Tier nur stellen kann, vor allem ein Tier, das noch nicht weiß, welches Tier es eigentlich ist. Vielleicht hat auch der Autor schon vergessen, wer er ist, ob tot oder lebendig, doch welches Tier das Tier ist, das weiß er und wird es immer wissen.

Nicht nur dem Tier zuliebe, sondern auch der Landschaft zuliebe, der geliebten Landschaft der Kindheit, die nicht damit umgehen könnte, dass ein Tier in ihr steht, von dem weder der Leser noch der Autor weiß, welches Tier es vielleicht doch sein könnte.

Landschaften mögen keine Konjunktive, Wälder sind der Grammatik eher abgeneigt, Flüsse werden durch Konjugationen eher zum Lachen gebracht. Wo ein Himmel ist, da brauchen weder Menschen noch Tiere einen Namen – oder doch?

Der Autor war sich weder vor noch nach seinem Tod sicher, er konnte vor allem den Namen des Tieres gar nicht so richtig aussprechen, und aussprechen bedeutet auf Armenisch auch immer übersetzen. Der Autor wusste auch noch nicht genau, ob er sich selbst vom Tod ins Leben übersetzen sollte, ob er das überhaupt könnte, ob er imstande wäre, den Konjunktiv zu überlisten, auf der Wiese seiner Kindheit, im Schatten des Tieres sozusagen. Der Autor war sich schon gar nicht sicher, ob er durch die richtige Übersetzung das Leben des Tieres oder die Frische der Wiese retten könnte.

Doch: ein Autor kann sich nicht selbst übersetzen, kann keine Tiere retten, kann höchstens Namen geben, doch Namen allein sind zu wenig. Das Benannte und das Unbenannte muss in Bewegung gesetzt werden, muss wandern, auch von einer Sprache zur anderen – oder sprachlos als Schatten des Autors da sein. Was aber keinen Namen hat, sowohl Tier als auch Mensch, und auch Menschen sind Tiere, kann eben nicht wandern, sondern steht unbenannt in der Landschaft.

Der Autor, ob tot oder lebendig, wollte sich und das Tier erlösen und nannte es „Büffel“, es hätte auch ein

Ochse sein können, allerdings nicht eine Kuh. Der Autor war so präzise, um sich selbst vom Leben in den Tod zu übersetzen, um ruhig schlafen zu können, im Schatten seines Tieres auf der Wiese seiner Kindheit. Dort, auf der Wiese, riecht das Gras gut, die Namen auch, der Tod selbstverständlich und vor allem das Papier, auf dem das zu lesen ist, was wir uns – tot oder lebendig – noch vorstellen können, denn: Wir riechen das Gras und schmecken das Fleisch des Tieres: wir übersetzen und wir dichten und brauchen die Luft der Kindheit.

Für Karen war und ist Kurzsichtigkeit eine Kulturgeste oder gar eine Neuerfindung der Weitsichtigkeit mit anderen Mitteln.

Kurzsichtigkeit ist wie ein Traum im Leben, das Lesen wird zum Abenteuer und die Welt ist innerlich und äußerlich zugleich. In Armenien waren Brillen nicht sehr verbreitet. Wer im Armenischen oder Sowjetischen kurzsichtig sein wollte, der durfte die Augen schließen, vor allem bei den schönen Texten, um richtig lesen zu können. Außerdem ist die Sonne in der Ararat-Ebene und noch viel mehr in den Bergen ohnehin viel zu stark, sodass die Buchstaben auch für den nicht kurzsichtigen Menschen verschwimmen können oder zerrinnen, wie schwarze Schokolade in der Sonne. Deshalb lasen die Kurzsichtigen ihre Literatur meistens auswendig, manche konnten dazu sogar singen oder tanzen und tanzten über die dicken Brillengläser hinweg, die unter den Schuhsohlen beim Tanzen zersplitterten. Die Musik der Worte aber bleibt und der gefährliche Klang der Gedanken, vom Mittelalter bis in die Neuzeit, von den Kirchenvätern bis zu Nietzsche und manchmal darüber hinaus. Wer nur verschwommen sieht, vor allem in der gleißenden Sonne dieses Landes, das so nah unter dem Himmel ist, wer in die Unschärfe der Welt sozusagen hineingeboren ist, der braucht umso schärfere Ideen, so scharf, dass sich auch ein Schaf damit hätte scheren oder schlachten lassen, vom Zahnstocherzauber gar nicht zu reden. Die Mystik, den Zauber der Wörter, den Rausch der Buchstaben, die Erotik der Literatur, den strengen Charme der Kulturpolitik, das muss man im Land nicht erfinden. Die Derwische tanzen auch dann, wenn man ihnen wie seinerzeit in Konja längst die Haut abgezogen hat, die nackten Frauen schlafen auch dann unter dem Vollmond von Mush, wenn man auf ihre Haut mit Messern Gebete geschrieben hat oder Flüche. Wir schließen die Augen und sehen nichts und alles. Unter der heißen Sonne von Yerevan ist alles sichtbar und unsichtbar zugleich, jenseits der Zeit; denn vor allem die, die nicht geschminkt und vielleicht mit einer dicken Brille die Kaffeerechnungen entziffern, haben die Jahrtausende überlebt und können mit der Brille in der Hand, in der Sonne, alle Rechnungen mit der Geschichte wie mit einem Brennglas verbrennen.

Komitas ist immer da in der armenischen Geschichte, in der Musik. Ein Mensch, der stets ein Verschwundener, ein Verschollener sein wollte. Dann ist er doch immer da und weiß wohl nicht, ob er das will.

Mit dem Alter darf man nicht scherzen, vor allem zu Pferd, in der Früh, mit dem vorletzten Glas Rotwein in der Hand. So ließ sich der Großvater der Chorsängerin mit dem überlangen Zopf porträtieren. Die Haare der Sängerin sind übrigens prachtvoll, die Locken tanzen sozusagen in der Sonne, auch in der Zukunft, vor allem nach 6000 Jahren Geschichte. Es war allerdings ein falsch verstandener Scherz, dieser Scherz des Großvaters, der eigentlich ein Urgroßvater war, weshalb er dann auch vom Pferd fiel und mit 110 Jahren sterben musste.

Die Enkelin (oder Urenkelin) singt immer noch, auch in der Kirche, vor allem die Lieder des Pater Komitas, der als Waisenkind das Komponieren lernte, in Berlin studierte, in den französischen Musiksalons ein und aus ging, der Versuchung der Welt, vor allem in Gestalt von Chorsängerinnen, widerstehen musste (im Gegensatz zu Brahms, eine Generation früher), um schließlich jene Messe zu schreiben, die heute noch von der Enkelin (oder Urenkelin) des toten Reiters gesungen wird. Dessen Tod war übrigens sanft. Kein Genickbruch, seine Augen schauten in den offenen Himmel, das geliebte Pferd war bei ihm und schien sehr gefasst zu sein.

Komitas notierte aber auch die uralten Kirchenlieder der Armenier, er machte den großen Ritt vom frühesten Mittelalter ins zwanzigste Jahrhundert, einen Ritt auf dem Klavier sozusagen, einen Ritt, viel länger als der Morgenritt des Großvaters (oder Urgroßvaters) der Sängerin mit den unglaublichen Haaren, einen Ritt von den Musiksalons bis in den eigenen Tod angesichts des mörderischen Grauens im Jahr 1915.

Auch der Großvater (oder Urgroßvater), scherzend auf seinem Pferd, hatte diese Zeit noch erlebt, als Kind, in Mush, dort, wo man heute Türkisch spricht, wo alle Spuren der Armenier akribisch beseitigt worden sind. Dort hatte er Reiten gelernt, als Kind. Von einem der Dörfer in der Gegend ist er weggeritten, sodass er und sein Pferd die einzigen Überlebenden des Massakers waren oder sein mussten, damals, 1915.

Seine Enkelin (oder Urenkelin), Victoria, kennt die Geschichte ganz genau, jede Stunde der Flucht hat ihr der Großvater erzählt, jedes Detail: Der Geruch der Leichen am Wegrand, die hirtenlosen Herden in den Wäldern, die blühenden Apfelbäume, deren Äpfel niemand mehr essen sollte, die niedergebrannten Häuser und verwüsteten Kirchen. Wenn die Enkelin (oder Urenkelin) singt, dann singen Pater Komitas und der Großvater mit, hoch zu Ross oder stolz am Klavier.

Krikor Naregatsi hat die armenische Literatur miterfunden. Einsamkeit, Phantasie und Humor. All das gehört bis heute zusammen.

Ein Mensch allein in seinem Zimmer. Der Mensch und das Zimmer, die Zelle, das Alleinsein. Ein – scheinbar – ganz einfaches Bild, eine simple Vorstellung. Der Mensch ist nicht gefangen und verurteilt, vielleicht auch das, aber aus freien Stücken sozusagen von sich selbst verurteilt, allein in seinem Zimmer zu sein, vor 1000 Jahren oder auch jetzt oder nach einem Erdbeben, das immer passieren kann.

Das nicht auszuhalten, ist das Unglück der Menschen, sagte Pascal. Ist das so? Ist es nicht tatsächlich ein Unglück oder eine Sinnlosigkeit, eine Verschwendung von Lebenskraft in jederlei Hinsicht? Ein armenischer Mönch, und nicht nur ein armenischer, hat sich diese Frage gestellt und deshalb *Trauergesänge* geschrieben, ein geheimnisvolles Buch voller Zauber. Kaum jemand kann es lesen, aber den Sterbenskranken wird es zum Trost aufs Herz gelegt.

In diesem Buch geht es aber nicht um die Trauer des Alleinseins, viel eher um den Widerspruch des Alleinseins und des Zusammenseins mit allen, die nicht da sind und doch sehr präsent. Auch in einem Wohnwagen am Ende der Welt, in einer zerstörten Stadt, ist das Alleinsein durchaus erlaubt, aber nicht erwünscht, vor allem, wenn das Bier aus Salzburg noch nicht da ist, um dann endlich einzutreffen.

So wird das Pathos des Mittelalters gerne überlistet. Kaum liest ein Österreicher in der Einsamkeit des Wohnwagens in Goumry, vormals Leninakan, einen Text über das Alleinsein, kommt ein Auto aus Salzburg und bringt

Bier. Was könnte ein Mönch dazu sagen, oder Blaise Pascal, was könnten die *Salzburger Nachrichten* darüber schreiben?

Wie anders lässt sich die Lust an der Einsamkeit in die Luft sprengen – soll das so sein? Wie viel Explosion verträgt die Stille? Wie viel verträgt der Mönch? Der Lärm in der Einsamkeit ist nicht zu unterschätzen, vor allem nicht nach einem Erdbeben, ebenso nicht das Motorengeräusch eines Salzburger Autos in der Einöde von Goumry. Das konnten weder der armenische Mönch noch Pascal erahnen, das ist – Bier hin oder her – die Überlistung der Einsamkeit.

Aber wieso und wozu? Wie lassen sich die *Trauergesänge* dann weitersingen oder weiterübersetzen und weshalb und für wen? Das Auto ist ein Auto, der Wohnwagen ein Wohnwagen, doch das Zimmer ist kein Zimmer mehr und die Einsamkeit erloschen, aufgelöst, in die Luft gesprengt, mit der Zelle ist es vorbei und die Trauergesänge sind fertig gesungen.

Levon war ein Schriftsteller, der zu klug geschrieben hat und zu früh gestorben ist. Seine Zukunft ist die Übersetzung.

Papier ohne Buchstaben, ohne Zeichen: Papier hat ein gutes Geräusch im Wind, aber nur im Wind, nicht zu Hause und schon gar nicht am Flughafen. Da dröhnt alles viel zu sehr und das Hin und Her der anderen schmerzt und pocht im Kopf, schmerzt aber nicht so sehr wie eine Krankheit im Körper, im Körper eines Freundes, wie ein Schmerz, den man nicht vertreiben kann, mit dem man nicht reden kann, den man nicht versteht, der einem nicht zuhört. Der einen nicht mag, der sozusagen nicht mitliest, der einen nicht lesen kann oder lesen will.

Man liest ja auch gern Levons Geschichten, sie werden hie und da übersetzt, aber eher selten. Man fühlt sich selbst hie und da wie ein Schriftsteller, der einmal krank und irgendwann auch tot sein wird, aber immerhin, Armenisch klingt gut. Doch selbst in Yerevan wird das Lesen in Gesichtern oder Landschaften, das Lesen im Gehen immer seltener.

Das Lesen zwischen den Beinen ist meist aufregender, zwischen Frauenbeinen natürlich, und nicht wenige Dichter haben dafür ihr Leben aufgegeben, obwohl sie manchmal noch leben, wieso auch immer, doch: wozu und warum lebendig, wenn man so tut, als wäre man da, mit Armenisch im Mund, mit einer Sprache im Mund, die schöner ist als ein Inder sich eine Frau (vor 1000 Jahren) hätte vorstellen können, in Landschaften, auf dem Papier, vor oder nach dem Tod? Wo ist der Unterschied, beides ist weiß – auch die Betten können sehr weiß sein mitten in der Nacht, die in Yerevan gnadenlos schwarz ist.

Ist es wirklich sinnvoll, die Zeit, diese kurze Zeit des Lebens mit Lesen zu vernichten, die Freizeit, die Freiheit mit Kindern und Frauen durch Gedanken zu vergiften, mit schlechten und traurigen Märchen zu verseuchen? Wie sollen wir aber einander lesen und verstehen? Wollen wir das überhaupt, brauchen wir einander, brauchen wir uns selbst, mit oder ohne Buch in der Hand? Wäre es nicht eleganter, unverstanden und ungelesen und unerkannt von uns selbst und den anderen einfach zu verschwinden? Allein schon der letzte Atem im Bett beim Sterben spricht dagegen. In Armenien heißt das: weiteratmen, auch in der schlechtesten Luft, und wenn keine Luft mehr da ist – das Leben ist der Atem der Anderen, der Freundinnen und Freunde.

Lesen hat bisweilen etwas mit Langeweile zu tun, zum Beispiel mit der Langeweile von Mozarts Musik, die einem gnadenlos in allen Flugzeugen vor dem Start und wahrscheinlich auch vor dem Absturz in die Ohren geträufelt oder eher gepinkelt wird. Das wollen wir und wollten wir doch nicht mit unserer Literatur, vor und nach dem Absturz – oder?

Dann sagt der eine zum anderen, nach Mozarts Tod und vor dem eigenen: wir konnten kaum miteinander reden, weil du erstens zu viel geredet hast ohne zuzuhören und ich nicht zuhören wollte und nicht einmal reden wollte in meiner klassischen armenischen Müdigkeit – umso beredter ist es jedenfalls, einander zu lesen. Sind wir müde oder munter, tot oder lebendig? Das könnte der eine den anderen fragen …

Wir sollten uns aber an die Klugheit unserer Zeitungen halten, die wir nur heimlich lesen, wo es heißt: „Zu viele Worte verdecken die Wahrheit“. Auch tote Dichter teilen diese Weisheit, die immerhin mit dem Stolz auf das Schweigen zu tun hat – und das armenische Schweigen, bei aller Vielfalt des Literaturlärms, dauert schon Jahrtausende.

In der Stille ist der Text! Vielleicht stimmt das, vielleicht sind Worte, vielleicht ist unser Text, unsere hilflose Handschrift auf dem weißen Papier, wie ein Leichentuch über dem wirklichen Körper, der seine Frauen, seine Kinder liebt, während man über die unwirklichen Körper, die nicht berührten, die geheilten und nicht geheilten, vor sich hinträumt, sie in der Phantasie, in den Straßen, wie Buchstaben auf dem Papier vor sich hin spazieren lässt. Immerhin knistert das papierene Leichentuch, es duftet beim Umblättern, und auch die Schrift kann gut riechen. Die frischen schwarzen Worte, die an das Innere, an die friedliche Finsternis in unseren Köpfen erinnert, an eine Finsternis, die nur hie und da, wenn wir aufwachen und ehe wir einschlafen, von unseren Augen erhellt wird. Das Papier soll unser knisterndes Leichentuch sein.

Oder, nach der alten Lebensweisheit aus Berg Karabach: soll man die Leber gegen das Herz tauschen, das Hirn gegen den Magen? Diese Fragen werden wir einander – schreibend und heftig lesend, durch den Tag, durch die Nacht – auch jenseits des Lebens stellen, während zum Beispiel die gedichteten Gedichte, nicht nur die guten, sondern auch die schlechten, solange sie gelesen werden, sogar im totesten Tod mitten im Leben sind, ob wir wollen oder nicht. Haben wir aber trotzdem keine Angst vor der Finsternis und vor dem Lärm, keine Angst vor dem Yerevaner Lärm, auch keine Angst vor dem politischen Lärm und der Luftlosigkeit in einem Land, das sich selbst erwürgt!

Ob mit oder ohne Krawatte, mit oder ohne Lungenkrebs, Magenkrebs, Fieber oder Kinderhusten: wir haben gelernt, die weiße Luft des Papiers zu atmen, ob wir wollen oder nicht, ob wir lesen, trinken, schlafen, lieben oder nicht. Oder wir reden oder kämpfen und bluten und reden über das Bluten. Vielleicht über das Bluten der anderen, jenseits von Freund und Feind, denn in uns selbst ist alles voll Blut, das im Kreis laufen will, das uns in den Kopf steigt. Ein Blut, das uns schön macht unter der Sonne und erschöpft in der Dunkelheit. Ein Blut, das fließt und fließt, obwohl das Papier ja weiß bleibt, weil wir diese Helligkeit unsres Papiers mit ein paar Zeichen, mit einer Schrift, die so alt und schön und einfach ist, beschützen – vor dem Wahnsinn und der Wut derer, die nicht lesen können, die uns nicht lesen, denen wir aber, tot oder lebendig, ob sie wollen oder nicht, unser Leben vorlesen werden – Weiß in Weiß.

Marine ist nicht nur Gambistin, sondern eine Frau, der es gelungen ist, mit großer Tapferkeit Österreich zu überleben.

„Trousig“ ist das Zauberwort, „Sourtch“ keineswegs. „Sourtch“, der „Kaffee“, riecht grauenhaft oder duftet grausam, „Trousig“, die Unterhose, riecht paradiesisch, vor allem von der richtigen Dame getragen. In Yerevan wird darüber nicht gesprochen, sogar das Schweigen wäre zu laut.

In Wien ist zur selben Zeit alles anders, das Leben in der Hose wird nicht so sehr verschwiegen, wenn auch nicht übertrieben diskutiert. Es wird in den Hosen gelebt, und je mehr, desto besser. In Yerevan ist man da schüchterner, ohne aufs Leben verzichten zu wollen. Ob es allerdings an der Donau mehr oder weniger Unterhosen gibt als in der Stadt am Fluss Hrazdan, der armenischen Donau, das muss wohl im Ungewissen bleiben. Wie schmeckt das Wasser da und dort?

Es ist nicht zu leugnen, dass die Nächte in Yerevan dünkler und kälter sind als ihre zeitlichen Brüder und Schwestern in Wien. Man kann gut spüren, dass die Wiener Vögel auch in der Nacht länger singen, wenn auch schüchterner. Das Singen der Vögel in den Auen der Donau ist mehr ein Schreien im Fliegen oder Gackern und Stottern kurz vor dem Tod, der wohl ein Wiener ist, wie man sagt. Auch die neuesten Bikinis am Mühlwasser ändern nichts an diesem Dilemma. Übrigens wird in Armenien viel zu wenig Bikini getragen. Das Mittelmeer ist seit 700 Jahren aufgrund der politischen Umstände abhanden gekommen, wiewohl James Bond, wenn er aus dem Meer auftaucht, ein Armenier sein könnte.

In Yerevan ist der Tod auch in der Nacht, der gefährlichsten Zeit, längst vorbei und findet, wenn, dann nur mittags statt; wenn der Kaffee nicht mehr heißer sein kann und die Unterhosen nicht verschwitzter, vor allem von jenen Damen getragen, die es in Wien, auch unter der Sonne, auch an der Donau, gar nicht gibt, während sie in Yerevan jenseits der Sonne vom Frieden träumen, der so rasch vorbeigegangen ist wie ein verschreckter Toter ohne Unterhose, aber mit Lust auf Kaffee.

Man hält sein Höschen in Ehren und borgt es Dichtern nur ungern, höchstens, wenn sie reisen oder einem Ministerium zu Diensten sind, oder wenn ein Kinderkrankenhaus gebaut werden muss, weit weg im Norden, und die Taxis zu teuer sind, um die eine oder andere Hose hin und her zu schicken. Da konnten – ohne Sentimentalitäten – nur tragisch verwitwete Chefärzte aushelfen, die Taxirechnung bezahlen, ein Zimmer oder zwei im halbfertigen Haus zur Verfügung stellen, eine Schallplatte auflegen und schweigen.

Vor allem im Norden, in Goumry, in Leninakan, ist das Baden das Schönste. Vor und nach dem Erdbeben 1988. Davor hat man gesungen, danach hat man sich immerhin an das Singen erinnert und an das heiße Wasser, an den Duft jener Kräuter, die auch die Leichen besser riechen lassen. In Armenien werden die Toten besonders gut gewürzt, oft auch auf dem Küchentisch aufgebahrt. Wo noch vor kurzem der Schweinebraten dampfte, die Krautrouladen an die in- und ausländischen Gäste verfüttert wurden, kühlt nun der geliebte Stiefcousin vor sich hin und muss sich vor den Fliegen nicht fürchten, die von der Urgroßtante verscheucht werden. Stiefcousins, vor allem verstorbene, haben ja nicht nur in Armenien einen gewissen Hang zur Furchtlosigkeit, ob sie nun einen Benz fahren oder einen BMW, mit oder ohne Unterhose. Umso wichtiger ist das frische Eis, zubereitet von der Urgroßtante, geschnitten und geraspelt von der echten Mutter.

Nicht wenige der tausenden Toten hatten nur Unterhosen an, und gerade da, im traurigsten Moment, beim Tragen, beim Übergesetztwerden von der einen in die andere Welt. Der Übersetzer war dabei stets hilflos.

Das eine ist wie das andere, das Tragen von hier nach dort, von einem Leben in das andere. Genau in diesem Moment sieht der Übersetzer dieselbe Unterhose an einer Toten, die er wenige Tage zuvor doch einer lebendigen Frau ausgezogen hat … Damals haben auch die Dolmetscher Särge getragen und endlich verstanden, was diese Arbeit bedeutet – Menschen von einem Abenteuer ins andere zu begleiten.

Genau dann, zwischen dem einen und dem anderen Moment, wenn der Kinderarzt zu seinen erwachsen gewordenen Kindern sagt: „es ist gut", genau dann ist es wichtig, zu baden oder immerhin baden zu wollen, weil es ja gar kein Wasser gibt, nicht einen Tropfen. Immerhin gibt es diese Unterhosen (Trousig), um sich im tiefsten Winter an den Frühling zu erinnern, denn das Baden kann vielleicht im nächsten Jahrhundert stattfinden, eine Unterhose muss man bald oder gleich geschenkt bekommen – oder man braucht sie gar nicht, weil das Wetter gut ist, die Toten begraben sind, weil schon genug geweint worden ist und vielleicht gerade deshalb die armenische Sonne scheint.

Eine gute und starke, aber immerhin auch eine grausame Sonne. Der Kaffee kann heiß sein und versuchen zu duften, die Unterhosen können kalt sein, eiskalt als

Leichenunterhosen, aber auch warm und duftend wie das Leben, wie eine Frau.

Die armenischen „Trousigner“ (Unterhosen) duften länger, denn – und das ist die ganze Wahrheit – in besseren Zeiten, als noch nicht einmal die Panzer durch die Stadt fuhren, als man von Glasnost und Perestrojika gerade einmal eine feuchte Ahnung hatte, in diesen Zeiten gab es nur *ein* Waschpulver, nein, es gab *zwei*, ein lila- und ein minzefarbenes, wenn es überhaupt ein Waschmittel gab, nicht nur in Armenien, sondern auch in Georgien oder in Aserbeidschan, in Ländern, die später andere Gründe suchten als das Defizit von Waschmitteln welcher Farbe auch immer, um einander zu massakrieren.

Diese beinahe schon metaphysische Übersichtlichkeit der Welt („Das Waschmittel ist ein Waschmittel!“) führte wohl dazu, dass alles, aber insbesondere die Unterhosen, mit ihren Gerüchen so persönlich werden konnten. Ein besseres Argument für die Sowjetunion ist wohl kaum zu finden: Individualität durch Körpergeruch! Einzigartigkeit durch das Überleben eines Waschvorgangs. Liebe wegen eines Duftes, der das Allgemeine durch das Besondere überwindet, oder weniger pathetisch und der südkaukasischen Intellektualität verpflichtet: „Schön stinken statt blöd duften“. Deshalb lassen sich die echten Liebhaber der Literatur nicht einen Kaffee, sondern eine gut gebrauchte Unterhose servieren. Nicht „Sourtch“, sondern „Trousig“, mit dem Zauberwort auf der Zunge.

Rouzan gehört zu den jüngsten und wütendsten Frauen in Yerevan. Ihre Haare sind blond und grau zugleich – und sie wehen im Wind, auch mitten in der Nacht, ihrer Lieblingszeit.

Man kann rauchen oder nicht rauchen, aber wenn, dann gründlich, sodass die Lunge lange nach Mitternacht zu fliegen beginnt und selbst die geliebtesten Katzen sterben. Rauchen ist in Armenien wohl ein Ritual des Abschieds. Und ein Feiern der eigenen Geschichte. Die armenische Zigarettenmarke *Achtamar* beispielsweise erinnert an die unglückliche Königstochter, *Erebuni* an die alte Hauptstadt, *Garni* an die schöne vorchristliche Zeit, als es noch gemischte Bäder gab … Man verabschiedet sich rauchend aber auch von seiner Geschichte, von seinen Verwandten, die entweder sterben oder ins Ausland gehen, man verabschiedet sich von sich selbst, ohne das Lachen über sich selbst, ohne das Lachen über diese Torheit zu vergessen, diese Torheit, lebendig zu sein und das Leben und das Wissen, hustend in der Nacht, hustend unter der Sonne, hustend auf dem Weg ins Dorf, um Leben und Wissen nach allen Regeln der Kunst verschwinden zu lassen. Im Dorf, in Ashtarag, wird gekocht, noch besser als in der Stadt, in einem verlorenen Ort, aber immerhin unter der Sonne, in den Gärten, mit dem Wasser des Flusses tief unten und in der Erinnerung – an die Kirchen, an das Theater des Herrn Margouni (der Vater der Raucherin), an die Kirche der heiligen Marine, die einmal von Aprikosen und Maulbeerbäumen umgeben war und nun im Niemandsland steht. Man erinnert sich an die eine Geschichte von den armen, idiotischen Gefangenen aus

Deutschland und Österreich, die die Brücke gebaut haben, die es heute immerhin noch gibt, jene Brücke, die ein österreichischer Autor, der junge Thomas Bernhard, der Bruder von Wolfgang Bauer, der Adoptivsohn von H. C. Artmann, mit einem altarmenischen Prinzen, seinem Cellisten auf dem Nebensitz, in einem der kaputtesten postsowjetischen Autos mit ungefähr drei komma sieben Promille passiert hat, um auf den Gräbern der Bagratiden-Könige bei Sonnenaufgang Händel-Sonaten zu spielen.

Wir hingegen stehen in diesem kleinen Städtchen Ashtarag, in der Welt lesend, lassen uns hie und da beim Schuster, der auch Radiotechniker ist, Schreibmaschinen reparieren, und warten auf den gefrorenen Fisch. Das aufgetaute Geschöpf, das in der Badewanne tatsächlich noch versucht, sich zu bewegen, das ist der zappelnde Text, das ist das einzige Shakespeare-Zitat von Ashtarag, und das schönste, das letzte Zucken des Fisches ist wie der Monolog des Vaters für seine rauchende Tochter, immer und immer wieder, von Samstag zu Samstag. Denn in Ashtarag war man sehr solidarisch, oder auch voll des Mitleids mit einer Armenierin, die sich irrtümlich einem wahnsinnigen Österreicher an den Hals geworfen hat. Umso lebendiger konnten die toten Fische in der Badewanne dann auch schwimmen, weshalb der schwimmende Österreicher gemeinsam mit dem nachtaktiven Prinzen aus der Bagratidendynastie beim Überqueren der Brücke und bei der Interpretation der Händel-Sonaten auch so erfolgreich war.

Immerhin konnten die Armenierin und der Österreicher im Sterbebett des großen Schauspielers Margouni gar nicht wenige schöne Nächte verbringen. Auch das Bad im sowjetischen Stil hatte einen gewissen Charme und der kleine Balkon diente zum Frühstücken, dort durfte man auch zu zweit auf die tiefgefrorenen Fische warten, ob sie nun kommen wollten oder nicht. Die Tochter des Schauspielers raucht immer noch, ob sie will oder nicht, aber sie raucht sehr schön, das könnte auch Thomas Bernhard bestätigen.

Samuel ist und bleibt ein Kind seiner Zeit und diese Zeit ist lang. Er lernt das Buchstabieren und das Fliegen wohl gleichzeitig. Er ist Samvel, Samvelik, Samo und vieles andere in einem.

Armenier sprechen und denken in verschiedenen Sprachen. So wichtig das Sprechen auch sein mag, das Denken ist manchmal noch wichtiger, vor allem dann, wenn es ums Überleben geht. Nur solche, die das Ausland verstanden, aber auch lieben gelernt haben, den Wahnsinn von Flucht und ein Nach-Hause-Kommen im Unbekannten, die spüren wohl auch, dass das Sprechen ein Denken ist, das manchmal den Kopf verlässt und auch in der fremdesten Luft niemals verloren geht oder verschwindet wir eine Schwalbe im Himmel.

Den Gedanken in verschiedenen Sprachen kann man zuschauen wie den Vögeln im Himmel. Gedanken sind eben gefiedert, nicht gebraten, überwinden die Schwerkraft oder stürzen zu Boden, um zu sterben, um sich selbst zu vergessen. An das Abstürzen oder an das Vom-Himmel-Geschossen-Werden wollen viele, vor allem aber Samuel, der von Tanten und Onkels lieber Samo genannt wird, nicht denken. Dennoch weiß er, als Liebhaber des Alphabets, als Freund jedes Buchstabens, dass Eier und Ideen und Vogelfedern miteinander verwandt sind, mitten im Flug. In frühester Kindheit ließ er noch vor der Kirche des heiligen Mesrob für jeden Buchstaben des Alphabets einen Luftballon steigen und wurde mitsamt den achtunddreißig Ballons beinahe mit in den Himmel gezogen.

Doch der Himmel gehört den Schwalben und das Denken gehört in den Kopf und das Sprechen in den

Mund, oder umgekehrt, sobald man beginnt, zu buchstabieren und dem Denken beim Lesen einen Klang zu geben. Das Alphabet ist heilig in Armenien, deshalb sollte man jeden einzelnen Buchstaben in die Luft fliegen lassen, damit er unter der Sonne schön zerplatzt, wie wir alle zerplatzen, wie Luftballons, wenn wir sterben. Alles, unsere Pläne, unsere Hoffnungen zerplatzen, aber die in der Luft zerplatzten Luftballons gibt es weiter und auch den Atem des Kindes, das mit seiner Luft einen Buchstaben, oder ganz viele, oder 38 Buchstaben ausgesprochen und aufgeblasen hat, denn das Geschriebene ist auf unsere Haut geschrieben, das kann uns niemand nehmen.

Genauso wenig wie die Luft im Luftballon, die dann die Luft in den Lüften ist, oder Samos Luft oder Armines oder Koharigs Lust auf Luft. Das ist auch Alphabet, und solange ein Armenier oder ein Österreicher, der Armenisch kann, atmet, solange werden auch die Buchstaben leben, denn jeder einzelne Buchstabe ist ein Atemzeichen, und solange der Leser lebt oder der Dichter oder die Dichterin, solange lebt auch die Schrift und die Literatur und all die Schönheit dieses Lebens, solange man noch überlebt, was bei den Armeniern mit einem gewissen Sinn für Witz und die Liebe zur Ewigkeit zu tun hat. Daraus ergibt sich auch das Geheimnis des Überlebens, doch das *bleibt* ein Geheimnis, ob man es entziffern kann oder nicht, ob man – als Kind wie Samo – in der Luft lesen kann oder versucht, mit der Sprache im Mund zu überleben.

Sergej weiß mehr, als er wissen darf oder jemals wissen durfte. Immerhin gibt es in Armenien weniges, was gewusst werden muss, abgesehen von der Sprache. Der Rest ist Leben.

Was gibt es Schöneres, als ein General zu sein, mit einem, zwei oder drei Augen, mit oder ohne Führerschein. Ein General hat immerhin den Tod gesehen, die wahnsinnige Stille des Krieges gespürt, während alle nur von Lärm reden. Das Warten ist die Grausamkeit, das Rauchen, das Warten, das Rauchen, das Schreien, auch das Schreien vor Schmerzen, ist fast schon wie Kindergeschrei. Das Schreien eines Sterbenden ist oft gar nicht viel anders als das Schreien der eigenen Frau, wenn man sich traut, mit ihr zu schlafen oder sie einen noch erkennt, wenn man nach Hause kommt, ob man das wollte oder nicht.

Immerhin gibt es oft noch ein Auge und beide Beine und man riecht nicht so süßlich, wie die Leichen gerne riechen, sondern scharf, wie ein nicht allzu teures Parfum gerne riecht, um zu gefallen, oder Schnaps, der Kräuterschnaps aus den Dörfern. Wollen die Frauen das riechen, wenn die Männer nach Hause kommen, auch wenn es die geliebtesten sind, ob Generäle oder nicht, aber immerhin lebendig? Was wollen sie riechen?

Wollen sie noch etwas riechen oder einfach nur schlafen, den Schlaf der schlaflosen Männer schlafen, die in der Todesangst weder das eine noch das andere, auch nicht das dritte Auge mehr zumachen können? Es ist nicht schön, ein General sein zu müssen, etwas geworden zu sein, was nur unglücklich macht, einen selbst und die anderen. Doch einer muss es ja werden und stolz sein darauf, dass die Frauen es sein könnten, auch wenn sie nur so tun, als wären sie es, was der schlimmsten Niederlage im unglücklichsten aller Kriege gleichkommt.

Alles ist eine Niederlage, wenn man nach Hause kommt und alles erwartet wurde, nur nicht das. Nagorny Karabach, Artsach: Wunderbare Landschaften, friedliche Dörfer, all das war binnen kurzem eine Albtraum-Landschaft. Da war das Zuhause von morgen nicht mehr das Bett mit der Frau in diesem Bett, sondern der Jeep mit dem betrunkenen Brigadier oder der Hubschrauber mit den Leichen im Stauraum, der Bauer des Frühstücks von gestern wurde zur Leiche von übermorgen, der aserische Hirte von nebenan ein Mörder der Tochter, ein Toter im Mondlicht, ein Verschwundener zwischen den sogenannten Kulturen.

Zwischen all dem muss dann doch irgendjemand der General sein. Zwischen dem verwaisten Bett zu Hause, zwischen dem toten und dem halbtoten Hirten, zwischen Mondlicht und Frühstück. Das geht, doch der Preis ist sehr hoch und das Zuhause ist gestorben, welches auch immer. Das Zuhause ist toter als die Toten und mindestens so tot wie die Lebendigen, die vom wunderbaren Überleben nach dem Krieg sprechen. Ob die Frau zu Hause im Bett noch lebt, ist ungewiss, sie schläft vielleicht wie tot oder tut so, stellt sich tot und wartet nicht mehr oder ist stolz auf einen Helden, der noch nicht ganz tot sein will. Will er das, mit oder ohne seine Frau? In Armenien entscheidet man sich meist für das Leben, ob man nun General ist oder nicht, ob man es gewesen ist oder es nicht mehr sein möchte.

Stewardessen und Krankenschwestern (Swartnots, ein Flughafen für jene, die noch Flügel brauchen)

Swartnots, der Landeplatz der Engel und der Todesengel. Der Flughafen Yerevans, ganz nah an der Stadt, ein Platz der neu erfundenen Ratlosigkeit. Heute von Casinos umgeben. Nach dem Erdbeben und für lange Zeit Schauplatz der wunderbarsten Abschiede, der üppigen Willkommensfeste, noch besser gefeiert, an Ort und Stelle, auf der Landebahn, im schäbigsten Café ums Eck, mit betrunkenen Piloten, die es aber verstanden, gut zu fliegen, auch bei schlechtestem Wetter, mit einem Ehrgeiz zur Höchstleistung, der noch etwas Pathetisches, etwas Sowjetisches an sich hatte. Nach dem Erdbeben durften alle Ratlosen dort zusammenkommen, jeder versuchte in der Luft sein Flugzeug zu finden, jeder suchte seine drei Tonnen Pullover oder die Seidenhemden für den armenischen Papst und seine Kollegen. Manche froren hauptsächlich auf dem Rollfeld, einige Orientalistikstudentinnen wärmten die Orientalistikstudenten so gut sie konnten in den Containern, die niemandem gehörten, die leer waren unter dem Himmel, die niemand irgendwohin transportierte. Die Deutschen schickten Unterhosen, die Franzosen Psychologen, die Russen Zement, die Italiener – wie im Märchen – etwas zu essen, die Norweger Windeln, eine gute Entscheidung, manche andere auch Blutkonserven. Einigen lag auch das Wohl der Soldaten am Herzen, so gab es dann Schaufeln und Stiefel in Hülle und Fülle. Swartnots, der Landeplatz der Engel, die Insel der Seligen mitten im Wahnsinn, der Ort mit dem besten aber auch teuersten Benzin und den schönsten aber auch unglücklichsten deutschen Krankenschwestern, die doch alles geben wollten, aber nicht wussten, wem. Swartnots, das Paradies der Stewardessen, die sich selbst nicht mehr verstanden, in ihren wunderschönen Uniformen noch wunderschöner verzweifelten, weil sie nicht fliegen konnten und nicht warten wollten, schon gar nicht mit den betrunkenen Piloten, die vieles nicht hatten, kein Geld, aber vor allem kein Flugzeug – und all das mitten im Winter. Aus Rücksicht gegenüber den Ausländern haben die Armenier nur leise gesungen, aus Rücksicht gegenüber den französischen Psychologen haben sich die armenischen Offiziere in ihrer ungespielten Verzweiflung dann doch nicht erschossen. Immerhin war der Schnee für alle versöhnlich, in der Eiseskälte fand man sich wieder, die Motoren der Lastwagen wärmten das Herz, alle anderen wärmten sich beim Warten aneinander, miteinander, ohne die Orientalistik und die Psychologie ganz und gar zu vergessen. Dennoch, und das war allen klar und ist es bis heute:

Dieses Land ist keine Heimat, dieses Land ist ein Zustand, vor und nach dem Erdbeben, sowjetisch und postsowjetisch, ein einziges „Trotzdem“. All die Fröhlichkeit und Leichtigkeit ist deshalb nur bedingt. Die Freude ist schwach, so wie die Leidenschaft der Frauen zu einer Müdigkeit oder einem höflichen Lächeln tendiert, es sei denn, sie heißen Victoria – und immer wieder, vor allem am Flughafen, denkt man sich: Wenn es nicht regnet oder schneit, dann bitte fliegen!

Mister Jerishe Tcharents hat gefährliche Gedichte geschrieben, gefährlich zu lesen und noch gefährlicher zu übersetzen. Dennoch oder gerade deshalb kennt sie jedes Kind in jenen Straßen, in denen man den Dichter seinerzeit gerne lustvoll erschossen hätte.

Was war zuerst: das Geld oder das Gedicht? Der Kriminelle oder der Dichter? Der Poet oder sein Revolver? Das Sprechen der Sprache oder das Bellen der Hunde? Auf einem Geldschein stehen schöne und einfache Worte, die da lauten: „Ich liebe meine Sprache, die nach Sonne schmeckt". Der Dichter dieser Zeilen konnte sicher schlechter rechnen als der Direktor jener Bank – der neuen armenischen Nationalbank, jener Direktor, der genau diese Zeilen auf den Geldscheinen unbedingt wollte, weil er bis heute auch ein Dichter ist und mit Revolvern schon gar nichts zu tun hat, im Gegensatz zum Dichter, dem – zumindest ästhetisch treffsicher – vorgeworfen worden ist, mit eben diesem Revolver, den er vielleicht auch nie in der Hand gehabt hatte, auf Frauenärsche geschossen zu haben, und zwar nicht auf irgendwelche, gezielt oder nicht gezielt, links oder rechts.

Damals, in Stalins 30er Jahren, war ja noch nichts versichert, schon gar nicht die Arschbacken, es sei denn, man wollte die menschliche Existenz schlechthin als Arschbacke definieren, was aber immer noch nichts über den Versicherungszustand des entsprechenden Kunden (auch eine Pobacke kann eine Kundin sein) aussagen lässt. Bei Jennifer Lopez ist das heute ganz anders, die im Gegensatz zu Kim Kardashian keine Armenierin ist.

Der Dichter, fast ein Staatsdichter und immerhin geliebt von seinen Genossinnen und Genossen, auf Russisch ebenso wie auf Armenisch, hat die Heiligkeit der Ärschin jedenfalls verstanden, ohne für das Verstehen dieser Heiligkeit verstanden zu werden. Weder von den Behörden, noch von den Ärschen und Ärschinnen, ob schön oder hässlich, und schon gar nicht von den Lesern, nein, von den Lesern vielleicht doch, aber viel später, nach der Geschichte mit dem Revolver und nach der unvermeidlichen Geschichte mit dem Tod des dichtenden Revolverhelden, der die besagte Ärschin aufgrund ihrer Schönheit nicht einmal getroffen hatte, aber dennoch ins Gefängnis musste.

Nicht nur der Tod ist relativ oder der Unterschied zwischen Lopez und Kardashian oder der Unterschied zwischen links und rechts, auch der Unterschied zwischen Schießen oder Nichtschießen kann relativ sein, ob man nun getroffen wird oder nicht, ob man die getroffene oder verfehlte Ärschin ist oder nicht. Hätte der Dichter Lopez gekannt, vielleicht wäre alles ganz anders verlaufen, ganz zu schweigen von Kardashian – oder auch nicht, denn ein Revolver ist ein Revolver und ein Dichter zielt meistens nicht gut. Nicht nur wegen der berüchtigten Verliebtheit in die Unschärfe, sondern auch wegen der weniger bekannten Konzentration auf das Wesentliche.

Was bedeutet Literatur anderes, vor allem dann, wenn sie in einer Sprache geschrieben ist, die nach Sonne schmeckt, als die Verabschiedung des Gehirns von links und rechts? Wie soll man da angesichts eines Arsches noch richtig zielen können? Nur ein einziger Bankdirektor kann das genauso verstehen wie der Dichter, der all das – längst tot und vor allem pleite – immer noch nicht verstanden hat! Denn der aus ganzem Herzen verehrte Direktor liest und liebt den toten Dichter und versucht immer wieder rechts und links voneinander zu unterscheiden, denn er weiß, gut oder schlecht gezielt: Geld ist alles oder nichts, die schönste Ärschin aber ist die Dichtung – sie bleibt und geht in der Sonne.

Vahram ist nicht nur Cowboy. Er sammelt Sprachen in seinem Kopf, er sammelt Geschichten auf seinem Papier und lässt die Leser und Leserinnen durch seine Geschichten reiten.

Maulbeerschnaps, ja oder nein? In diese Frage könnte man sich verlieben. Die Antwort liegt klar auf der Hand, die Antwort ist gut, aus ganzem Herzen gesprochen, die Antwort wird aber nicht verraten, vor allem nicht in einem Volksschulgarten, mitten in der Nacht. Noch dazu in Goumry, der fröhlichsten und gefährlichsten Stadt im Norden des südlichen Kaukasus. In einer Stadt, die schon Monsieur Gurdjeff unsicher machte, um schließlich über Sankt Petersburg in Fontainbleau zu landen. In einer Stadt, die ihr Erdbeben bis heute nicht überlebt hat. In einer Stadt, deren großartigster Kinderarzt, Doktor und Professor Chatchadourian, mehr ausgesehen hat wie ein Kind, als jemals ein Kind aussehen könnte – und das bis zu seinem Tod in einem armseligen Blechcontainer, den er nach dem Erdbeben aus Stolz niemals verlassen wollte. In einer Stadt, der Gurdjeff und Aznavour ausgerechnet in Frankreich das Tanzen vorgetanzt haben. In einer Stadt, die immerhin ein ausgezeichnetes österreichisches Kinderspital ihr eigen nennen kann.

Maulbeerschnaps, ja oder nein? Zuerst muss mit Kutschen gefahren werden, mit diesen Hochzeitsgefährten, die den Kutscher zwar singen lassen, die Braut aber nicht unbedingt, jene Braut, die sicherlich gut gebadet ist, aber die Frage nach dem Maulbeerschnaps erst recht nicht beantworten kann. Zuerst wird gebadet in Goumry, und zwar heiß, dann wird gelacht, wie es sich gehört, vor und nach der Hochzeit, auf dem Rücken der Pferde sozusagen. Und am lautesten lachen die Reiter, die nicht reiten können, worauf auch immer, vor allem der Bräutigam in seiner Ratlosigkeit. Und nach dem Maulbeerschnaps, der zwar nicht getrunken aber sozusagen in den Raum gestellt worden ist. In jenen Raum, der schon von Gurdjeff, dem passionierten Nichttänzer, betanzt worden ist, aber auch vom Onkel des Bräutigams, dem Produzenten des Maulbeerschnapses, jenes begnadeten Tänzers, der ausgerechnet dann, als es darum ging, zu tanzen, in seinem Vollrausch nicht mehr tanzen konnte. Der eine oder andere Dichter könnte das schon, das Tanzen oder das Reiten oder beides, doch die Dichter sind keine Kinderärzte und deshalb unabkömmlich, immer schon gewesen. Vor allem als Kinder haben die halbtoten Bräutigame durchaus gern getanzt, mit oder ohne Maulbeerschnaps im Kopf, denn dieses heilige Getränk macht auch die ältesten Ärzte zu Patienten in ihrem eigenen Kinderspital – und dort lässt es sich nach einem tiefen Hochzeitsschlaf wunderbar aufwachen. Gut geschlafen und geträumt, das heißt auch gut getanzt.

Vardan liebt die Gefängnisse nicht sehr, viel mehr die Berge. Erstere hat er überlebt, Letztere sind Freiheit für ihn.

In den armenischen Bergen als Armenier einen Norweger zu mimen, ist nicht unbedingt das Einfachste, doch manchmal gelingt es, und auch die Haarfarbe verurteilt einen nicht immer zum Tod. Vor allem muss man auch in den Bergen wissen, wo oben und unten ist, was den Norwegern durchaus zuzutrauen ist, aber nicht immer den Armeniern, die zwischen dem Waagrechten und dem Senkrechten immer noch keine klare Entscheidung getroffen haben.

Immerhin lag Armenien bis zur Zeit des Königreichs Kilikien stets am Meer, die Berge sind ja im Lauf der Geschichte nur passiert, ein geopolitisches Unglück, bis hin zum Ararat, dem Schicksalsberg, der sozusagen welthistorisch sinnlos in der Welt steht und sich bestenfalls als sentimentales Postkartenmotiv eignet oder an der östlichen Seite auf halber Höhe als Station für Nato-Observationsposten … Ziemlich langweilig für einen biblischen Giganten, den nicht einmal ein als Norweger verkleideter Armenier von der richtigen Seite besteigen dürfte.

Traurigerweise werden auch die anderen armenischen Berge, zum Beispiel der Aragats, mit seinen vier Gipfeln, die jeden Osttiroler zum Jodeln bringen, viel zu wenig bestiegen, nicht nur von den Norwegern, auch von den Österreichern, die zurecht eher um die Qualität des Weines besorgt sind oder eher Skilifte bauen, um wenigstens irgendetwas Österreichisches in die Landschaft einzubringen, Skifahren und Jodeln inklusive; wobei Letzteres eine armenische Erfindung zu sein scheint, wie auch der BMW, der ja von den Nachfahren des legendären Königs Arminius erzeugt wird.

Mindestens so wichtig sind aber die Norweger oder jene, die – als Norweger verkleidet – in der Wildnis der Berge überleben können, während andere in den Kaffeehäusern der Hauptstadt freiwillig oder unfreiwillig ersticken. Besser über die Jahre in einem Café keine Luft mehr bekommen, als von einem Tag auf den anderen in der Gefängniszelle erwürgt werden, das ist für den einen oder anderen der norwegisch-armenischen Bergsteiger sicherlich ein Argument, und zwar ein durchaus lebensorientiertes.

Umso erstaunlicher ist es, dass auch die freien und auch die freigelassenen Armenier, aber auch die in die Freiheit der Landschaft rücksichtlos entlassenen Armenien-Touristen aus vielen Ländern, mit der Qualität der Frischluft viel zu wenig anfangen können. Kaum jemand könnte mit dem Land Armenien ein Gefängnis assoziieren wollen, und doch ist bei aller Schönheit der Landschaft eine Enge zu spüren, eine geopolitische Unerfülltheit sozusagen. Vor allem im Vergleich mit dem alten Land, mit seinem Van-See, dem Urmia-See, dem Ararat, wegen der besseren Übersicht über den Rest der Welt und den größeren Distanzen, um zu wandern, zu reiten, aber vor allem zu segeln.

Genau das verbindet die Armenier mit den Norwegern: die Liebe zu den Booten, die Leidenschaft für Wasser, das oft nur zu hören oder zu riechen ist, in das man aber seit Jahrhunderten nicht mehr hineinspringen darf. Es sei denn, man sitzt in einer Gefängniszelle, wenn man nicht gerade als Norweger verkleidet ist, oder als Wanderer mit österreichischen Wurzeln, und die Augen zumacht, drei oder vier Jahre lang, um danach die frisch genähte Badehose, eine von 30000 selbstgenähten Badehosen, anzuprobieren, um vom Gipfel eines frisch bestiegenen Berges hinunter ins Tal zu springen, dorthin, wo das Tal am tiefsten und das Wasser, auch wenn es das Wasser nicht gibt, am frischesten ist, im norwegischen Stil, sozusagen. Und mit dem Wissen darum, dass Armenier, vor allem die ehemaligen Gefangenen oder die Bergsteiger unter ihnen, passionierte Nichtschwimmer sind und Höhenangst haben.

Vatchik weiß heute immer noch, dass Autofahren und Cellospielen mit derselben Virtuosität ausgeführt werden kann. Auch unter Tags, vor allem aber in der Nacht.

Es gab nichts anderes als einen sehr verwüsteten Shigouli, ein billiges armenisches oder besser sowjetisches Auto, gefertigt in Togliatti, der Stadt des kommunistischen *Fiat*-Ablegers, weiters ein gutes Cello, eine miserable Flöte aus Ebenholz, viel zu viel Wein oder Schnaps oder was immer, und es war 2 Uhr früh. Das Kind des Cellisten, ein blonder Engel, schlief schon längst, die Frau, die blonde Engelin, natürlich auch. Nur die beiden Musiker waren noch immer mit Händel unterwegs, mitten in der Musik, und wollten das Unterwegssein mit einer der sinnlosesten und schönsten Shigouli-Fahrten krönen, die jemals in den letzten 6000 Jahren in Armenien unternommen worden waren. Zwei Musiker, einer aus Yerevan, der Gute, und einer aus Österreich, der Schlechte, versuchten ein Auto zu starten, was auch gelang.

Die beiden bemühen sich sehr, den Weg aus der Stadt zu finden, die Stadt ist nicht klein, der eine fährt, der andere macht den Rest, was auch immer um diese Zeit, mit Händel und Brandy im Kopf. Immerhin geht es um das Sonnenaufgangskonzert für die Vorfahren des armenischen Prinzen, jene Vorfahren, von denen man nicht weiß, ob sie wirklich seit 700 Jahren gerade *darauf* gewartet haben. Das Starten des Autos gelingt und die Sonne ist längst noch nicht aufgegangen. Das Konzert soll ja auch auf den Gräbern im Tal, jenseits von Goumry, im Norden, stattfinden.

Das allerdings konnte die Polizei nicht wissen. Den beiden Ordnungsbeamten war das Gefährt mit seinen beiden Insassen zu Recht ziemlich suspekt. Beide hatten zusammengerechnet wohl 12 Promille, der Cellokoffer war verdächtig, das einzig erfrischende in dieser Situation war der österreichische Pass, den niemand lesen konnte und den der Österreicher, auch wenn er es gewollt hätte, nicht hätte vorlesen können, auf Deutsch gar nicht, auf Armenisch mit einer Intonation, die mit Händel wenig zu tun hatte.

Das Auto, der geliebte Shigouli, war für eine Straße nicht mehr richtig tauglich, nicht einmal für eine armenische Straße in der damaligen Zeit. Aber er fuhr immerhin. Das Cello hätte in diesem Moment wohl immer noch gut geklungen, selbst von diesem Cellisten in seinem Zustand gespielt, die österreichische Flöte lief nicht nur zu dieser Zeit außer Konkurrenz, die Instrumente wollten aber überleben, im Gegensatz zu den Chauffeuren, die den Unterschied zwischen Tod und Leben, vor allem wegen Händel und Haydn, aber auch wegen Purcell, vor allem aber wegen Schostakovitch und Chatchadourian nur noch sehr schwer einschätzen konnten.

Beim Nachdenken über die Musik wurden die beiden von den Ordnungshütern sehr tatkräftig unterstützt. Der eine erinnerte sich an seine Großtante, der andere an seinen Onkel, und das alles an einem Ort, der zwar nicht so schön ist wie Perchtoldsdorf, aber ungefähr so groß.

Wenn die Ordnungshüter das auch nicht im Detail wissen konnten, wussten sie immerhin um den Onkel und die Großtante Bescheid, wenn auch nicht über Händel, Haydn oder Purcell. Ohne eine Arie des Letzteren zu singen, wurden die beiden nicht mehr so frischen Musiker, der eine ein Prinz aus dem 16. Jahrhundert, der andere ein Österreicher mit Flöte, zum frühesten Frühstück aller Zeiten eingeladen, denn alle wussten: Bei Sonnenaufgang muss die Händel-Sonate auf dem Bagratouni-Grab nahe Goumry gespielt werden, koste es, was es wolle! Da waren zu dieser nachtschlafenen Zeit auch kein Brandy und kein Kaffee zu teuer.

Der Shigouli dampfte unterdessen vor sich hin, nur sehr bedingt straßentauglich, wie man das so nennt, was allerdings die beiden Polizisten in Gegenwart der Großtante oder des Onkels niemals hätten aussprechen wollen. Der Kaffee war gekocht und der nächste Brandy längst getrunken, um die pochenden Herzen der verhinderten Musiker, die sich von den Ordnungshütern immer noch nicht verhaftet fühlten, zur Ruhe zu bringen. Doch was ist schon Ruhe mitten in der Ungeduld? Wie ruhig ist ein österreichisches Herz mit der entsprechenden Musik im Blut, wenn unter polizeilicher Kontrolle der Alkoholanteil von 3,7 auf verträglichere 3,5 Prozent reduziert worden war, ohne die Brandys des Onkels oder der Polizisten oder welches Polizisten auch immer hinzu- oder wegzurechnen? Somit waren die beiden Musiker in den Augen der Polizisten gefährlicher als der mittlerweile ausgekühlte, aber immer noch schrottreife Shigouli, was um 3 Uhr in der Früh angesichts des drohenden Sonnenaufgangs die beiden Ordnungshüter auf die Idee brachte, statt einer Verhaftung einen Transport anzuordnen, immerhin hatten sie dem Brandy ja auch mit einer gewissen Dienstbeflissenheit zugesprochen.

Das bedeutete, der Shigouli wurde sozusagen aus seinem Schönheitsschlaf zurückgeholt, die beiden Musiker in ebendenselben gesetzt; die Fahrt von etwas mehr als einer Stunde bis zum Sonnenaufgang war für alle Beteiligten schlimmer als jede Höllenstrafe, doch immerhin, das Ziel wurde erreicht. Die beiden Musiker spielten wie frischgeborene Götter ihre Händel-Sonaten auf den Bagratouni-Gräbern und die Polizisten wollten es sich nicht nehmen lassen, ein gutes Frühstück zu servieren.

DIE SPRACHE

„Achr!“

Dieser durchaus nicht immer so verzweifelte Ausruf ist milder als das deutsche „ach“, das nicht nur von den Theaterbühnen bekannt ist, vor allem von den schlechteren. Da ist oft schon die Hoffnung verloren, der Blick wendet sich woanders hin, am besten gen Himmel. Die Stimmbänder vibrieren kulturlos, das Herz schlägt sinnlos, wie in einer gewissen Luftlosigkeit, die mit der Lustlosigkeit an Leben und Verstehen doch einiges zu tun hat.

Bei „achr“ wird der fliehende Atem der Hoffnung durch das „r“ doch etwas gestoppt. Vor allem an der Lust, auch an der Lust auf Wut fehlt es immer noch nicht, und dieses „achr“ erlaubt den Versuch einer Wendung, den Versuch einer Frage, wie die strenge, aber noch lebensbejahende Frage des Taxifahrers, der seinen Fahrgast schon längst hätte umbringen wollen und sollen, das aber – vermittelt durch „achr“ – immer noch nicht getan hat.

Statt zu handeln, und das mit der manchmal gebotenen Grobheit, im Falle von Ungeduld oder der unbelehrbaren Dummheit des jeweils anderen, lassen sich – vor allem im Armenischen – viele Emotionen sozusagen in die Sprache hinüber retten. Sobald also die Wut noch in der Sprache lebt und nicht einzig und allein im Körper oder in der Faust des Taxifahrers, hat der jeweilige Passagier noch eine beträchtliche Überlebenschance. „Achr“ hat im Vergleich zum pathetischen deutschen „ach“ beinahe schon etwas Freundliches, lädt zu einer Frage ein, die wiederum ins Leben zurückführt. „Muss das denn sein?“ „Was willst du denn wirklich?“

Damit wird eine Chance gegeben, eine Tür kann sich zu einem neuen Leben eröffnen, so wie sich eine Taxitüre nach dem Regen unter der Sonne öffnet. Stets mit der Gefahr, von einem anderen vorbeifahrenden Auto überrollt zu werden. „Achr" wird aber nicht nur von Taxichauffeuren verwendet, sondern auch von noch besseren Freunden, den noch besseren, sozusagen. Die Taxifahrer in Yerevan sind übrigens schon in den ersten Minuten sehr gute Freunde und bringen einen nicht nur zum Ziel, sondern davor noch zur Tante, derjenigen mit dem Kuchen, oder zum Onkel, demjenigen mit dem Schnaps. „Achr" verwenden auch die noch besseren Freunde, die einen wirklich retten wollen, wovor auch immer, denn Freundschaft bedeutet in Armenien vor allem Retten, einander vor sich selbst retten. So ist die Frage, die zum „achr" gehört, wie das Amen zum Gebet oft der Beginn einer neuen Zeit, das Herauskommen aus sich selbst – miteinander, mit oder ohne Taxi, ob man ankommt oder nicht.

„aipoupen“ – ABC

Dieses Wort ist nur der Anfang, der Anfang einer langen Geschichte, denn das Alphabet ist für Armenien nicht eine zufällige Notwendigkeit, sondern die Essenz von Literatur und Geschichte, oder aber – sehr armenisch formuliert: „Aipoupen“, das Alphabet, ist die Seele der Kultur. Ein Geheimnis ist die totale Unlesbarkeit dieser Buchstaben, die weder mit dem Kyrillischen, noch mit dem Griechischen, Lateinischen oder Phönizischen etwas zu tun haben. Das zweite Geheimnis ist die Literatur, die sich dahinter verbirgt. Wieso versteckt man sich, beschließt, über viele Jahrhunderte hinweg unlesbar zu bleiben, verbunden mit der Sehnsucht, von allen verstanden werden zu wollen? Ein Verstehen, das eben nur selten stattfindet, in verschiedensten Übersetzungexperimenten.

Das Alphabet (Aipoupen) hat eine Seele und einen Atem, und all das teilt sich auch noch zwischen Ost und West. Das Westarmenische sortiert in der Aussprache die Konsonanten anders als das Ostarmenische, die Grammatik ist spätestens in der sowjetischen Periode gänzlich auseinandergedriftet. West- und Ostarmenier verstehen einander, dennoch sind Welten dazwischen, der unüberhörbare Lärm der Vertreibung, des Völkermords und die darauf folgende Stille kommen noch hinzu.

Doch es gibt, allen Verwerfungen zum Trotz, das heilige „Aipoupen“, das erste Lied des kleinen Kindes in Armenien. Da wird jeder Buchstabe zu einem Helden, da wird aus jedem Buchstaben ein Ornament, doch es geht auch ohne National-Pathetik. Sehr praktisch gedacht, hat das von Mesrop Mashdots sehr klug konstruierte Alphabet die Möglichkeit geschaffen, die Musikalität einer Sprache zu retten, jene Nuancen der Aussprache überleben zu lassen, die in der Literatur bis heute besonders sind.

Hinzu kommt das Abenteuer einer Konversation zwischen der westarmenischen Anahid und dem ostarmenisch sprechenden Garen – beide sind Dichter. Beide wissen, wovon sie sprechen, doch sie sprechen es anders aus und driften durch ihre Formulierungen oft in Welten, die entweder schon längst vergangen oder noch nicht erfunden sind. Im Mikrokosmos einer Literatur plötzlich über Kontinente zu springen, das bedeutet nicht nur Fitness, sondern auch Präzision und Passion. Präzision für die Formulierung und Passion für die Ideen, die mit der Grammatik, der Intonation und der Grammatik schon nichts mehr zu tun haben. Aber man findet doch gut zueinander und zwischen West und Ost entsteht vielleicht ein neues Armenien. Es gibt aber vor allem das „Aipoupen" – und das Alphabet wird nicht nur von den Kindern geliebt, sondern Anahid (aus Gumry in Nordarmenien) und Garen (aus Haleb in Syrien) lieben es miteinander.

„ari" – komm her!

Es geht um das Her- und das Hinkommen, vor allem um das Wohin, und „ari" ist eine der zartesten Einladungen, die man vom Norden bis zum Süden des Landes hören kann, aber auch auf der anderen Seite des Atlantiks wird man gehört. „Ari" klingt sehr privat und kann auch nur privat verstanden werden … ohne zu verstehen, ohne den alten Verstand gebrauchen zu müssen.

In der Landschaft, oft in der Nacht, ist die richtige Richtung ein Geheimnis, vor allem dann, wenn die Zeiten durcheinander kommen wie auch die Himmelsrichtungen. Das passiert sowohl im Stehen als auch im Liegen, im Fahren und im Schlafen. Denn unter all den Möglichkeiten der Orientierung, auf der Flucht, zwischen den Städten ist das schlichte „ari" ein Hinweis darauf, auch in der größten Verrücktheit und Verwirrung zu Hause sein zu können, angekommen zu sein.

„Ari" sagt man zum Beispiel Kindern auf dem Spielplatz, damit sie wieder Vertrauen fassen zu den traurigen Erwachsenen mit den langen Schatten in der Sonne. „Ari" sagen auch die Erwachsenen zueinander, die nicht wissen, dass sie ein Leben lang auf dem Spielplatz bleiben und nur zufällig nicht kopfüber von der Schaukel auf den Beton gefallen sind (in Yerevan ist es nicht selten der etwas brüchige Beton der sowjetischen oder postsowjetischen Mafia). „Ari" kann man aber auch in der Nacht sagen, von Frau zu Mann, auch dort ein Spielplatz mit unsichtbaren Schaukeln. „Komm her" kann viel sein und ist immer schüchtern und vorsichtig gemeint. Die Verbindung zwischen Kindsein und im Spielen schlafen oder im Schlafen spielen bleibt aber immer.

„asis tchan“

„asis“ – versüßt mit einem kleinen „tchan“ – wird einem in Armenien dann gesagt, wenn man in der Früh aufwacht und gewiss ist, gute Freunde zu haben. Zum Beispiel eine Shakespeare-Expertin, die den üblichen Kaffee, den stärksten und schwärzesten des Kontinents, unerbittlich serviert, auch wenn der halbwache Wiener nie und nimmer Kaffee trinken will. „Asis“ hat etwas mit Seele zu tun, kommt aus dem Persischen, ist – für jene, die Armenisch verstehen – eine Mischung aus „hoki“ und „voki“. Beides Worte für das Nicht-Körperliche, das für Menschen, die über die Jahrhunderte hinweg immer wieder umgebracht wurden, umso wichtiger ist.

Wenn man als Gast, und die Gäste sind heilig, wiewohl den Gästen nicht bewusst sein kann, was Heiligkeit eigentlich bedeutet, wenn man aufwacht und dieses „asis“ hört, wenn man den Kaffee riecht, ans Bett gebracht von einer Shakespeare-Übersetzerin, die aber auch eine Thomas Bernhard-Expertin ist, dann kann der eigene Tod an diesem Todestag, der fast immer der Todestag der anderen ist, nicht stattfinden, erstens aus Höflichkeit und zweitens, weil „asis“ eben etwas unbeschreiblich Wertvolles bedeutet.

Ob man tot ist oder lebendig, ist in Armenien prinzipiell relativ, der Unterschied ist nicht groß, über die Jahrhunderte hinweg ist man darauf spezialisiert, nie richtig und anständig und höflich zu sterben, es muss schließlich weiter diskutiert werden über den Sinn des Lebens, da kann man so tot gar nicht sein oder so sehr in der Finsternis wie der Kaffee finster ist, der einem von Shakespeare oder Thomas Bernhard mit einem rücksichtsvollen „asis“ auf den Lippen der Germanistin serviert wird.

Muss man das verstehen? Ist das Verstehen von Armenien oder des Armenischen tatsächlich der Sinn des Lebens? Hätte das Verstehen an sich unbedingt einen Sinn für Armenien? Was sonst, was kann in dieser unendlichen mitteleuropäischen Müdigkeit, die ja im kulturellen Vergleich zu Armenien beinahe schon einer unverschämten Munterkeit entspricht, noch verstanden werden und wenn, dann für wen und wozu?

Die armenische Freundin und Expertin für Literatur und vieles andere hätte wohl eine Antwort, eine gute, eine Antwort mit Lachen, doch nicht um diese Zeit, früh in der Früh, mit dem sinnlosen Kaffee in der Hand. Trotzdem sagt sie, die Übersetzerin und beinahe Tochter von Thomas Bernhard, die Großcousine von Shakespeare und eigentlich die Braut von Tarkovsky: „Kaffee“ („sourtch“), vor allem aber „asis“, wahrscheinlich sogar „asis tchan“.

Denn immerhin lebt ja der Gast noch und kommt sogar aus Wien, was sie Gott sei Dank nicht sonderlich berührt, wie alle Berührungen kein Thema sind, sondern einer anderen Vorstellungswelt angehören, in die wir längst „entfleucht wurden“.

Die Germanistin ist die einzige, die mitten in Yerevan verstanden hat, wieso Dürers Hase (die Briefe des Malers hat sie übersetzt) mit einem Hasenhaar-Pinsel gemalt wurde. Womit soll man denn einen Elephanten malen, fragt sie den hilflosen Österreicher in der Früh. Womit? Mit einem Rüssel? Womit gehört ein Pferdeschwanz gemalt? Ein Biberarsch? Der Gast aus Wien, zwangsläufig auch mit Schönbrunn vertraut, versucht diese Besorgnis zu verstehen, auch die wissenschaftliche Genauigkeit und die

Leidenschaft der Übersetzerin, verweist aber, um sich selbst zu schützen, auf Thomas Bernhard und die Flamingos, deren Brutstätten am Traunsee mittlerweile zur Touristenattraktion geworden sind, wobei der nachtschwarze armenische Kaffee, bei Sonnenaufgang serviert, schwärzer als die schwärzeste österreichische Nacht, dort immer noch fehlt.

„atchkit louis!“ – Licht für deine Augen

Dieses Land mit der übertriebenen Sonne, mit dem Licht, das auch den Sommer zum Wahnsinn treibt und nicht nur den, ist gut geeignet für nette Worte über die Augen oder das, was in ihnen oder mit ihnen passieren kann. So finster es in den Köpfen auch immer sein mag, diese Augen werden zur Chance. Jene Augen, die seit Jahrhunderten als *die* Augen des Kaukasus besungen werden, jene Augen, in denen man verschwindet, jene Augen, die die Herzen braten mit ihrem Feuer … und ähnlicher Kitsch mehr.

Die Wahrheit sieht anders aus. Die armenischen Frauenaugen werden ebenso wie die persischen oder georgischen so sehr bemalt, dass sie durchaus mit bewimperten Ostereiern verwechselt werden können, nur die Pupillen sind echt, und das auch nicht immer. All das wäre nicht notwendig. So manche Dame vergisst einfach, nicht nur das linke, sondern auch das rechte Auge zu schließen, um endlich mehr zu sehen, stattdessen wird die Buntheit des Tages rund ums Auge gemalt, so als könnte er, der Tag, oder seine Schwester, die Zeit, nicht bunt sein, aus sich selbst heraus.

Deshalb versucht man mit „atchkit louis“ diese Schwäche zu überwinden, diese Unschärfe des Blicks oder diesen Unwillen, einfach nur zu schauen und nicht im Angeschaut-Werden-Wollen sinnlos zu vergehen. Der Wunsch, den Augen Augenlicht zu schenken, ist schon sehr praktisch gedacht, die Steigerung des „atchkit mernem“ (ich sterbe für dein Augenlicht) ist als Kompliment noch besser, doch wer versteht schon ein Kompliment oder nimmt es hinter dem Auge, im Hirn, noch wahr? Mit „atchkit louis“ dreht man die Welt allerdings auch um und versucht ein Kompliment fürs Augenlicht des jeweils anderen und damit auch für die eigene Sichtbarkeit zu provozieren oder jemanden, zum Beispiel sich selbst und die jeweilige Augenbesitzerin, darauf einzuladen, sollte man darauf Wert legen.

Um die Langeweile der Augenbemalungen zu überleben, ist „atchkit louis“ dann auch ein Versuch, daran zu erinnern, dass es hinter den Augen oder in den Augen oder wo auch immer eine Seele geben könnte. Etwas mehr als nur die Mechanik der Sichtbarkeit oder der sichtbaren oder unsichtbaren Sympathie, mit offenen oder geschlossenen Augen wahrgenommen, bei Tageslicht, bei elektrischer Beleuchtung oder in der absoluten Finsternis, die nirgendwo so absolut ist wie in Yerevan zu Zeiten der Stromabschaltung. Doch immer öfter gibt es eben Strom und immer öfter gibt es eben auch die Farben, um jene Augen zu bemalen, die keine Farben bräuchten.

Oder sollten sie sich dann eben gerade das gönnen, wovon sie gar nicht wissen, dass sie es nicht nötig hätten, um zu sehen und sichtbar zu sein? Mit „atchkit louis“ wird stets mehr gesagt, da kann auch trotz aller Blindheit der Geschichte und in der Düsternis eines unverstandenen Tages sozusagen ein Leben gerettet werden, wenn die Augen das hören.

„...ba vonts" – was sonst noch?... na und?... na klar...? ...sowieso!

Das sagt man immer, so wie man vieles immer sagt, immer öfter, wenn die Sprache verschwindet, auch wenn sie die älteste und wertvollste ist, die Sprache der Urgroßeltern mit den vielen toten Kindern, von denen nur einige wenige jetzt noch ihr „ba vonts" sagen können. „Ba vonts" heißt so viel auf einmal, ohne kompliziert sein zu wollen: „Natürlich", „selbstverständlich", „Eh kloar" auf Wienerisch, oder „Was sonst noch?" ... „Na und?" ... „Na klar?" ... „Sowieso!" Mit „ba vonts" ist die Welt wieder in Ordnung und hat noch einiges an Kraft hinzugewonnen, denn „ba vonts" wird stets mit starker Stimme in dem Sinn gesagt: Du lebst noch, wir auch noch, und jetzt erst recht!

Eine leichte Verzweiflung beschleicht einen aber doch, vor allem, wenn man im Taxi sitzt und sich nicht sicher ist, ob dieses „ba vonts" die Bestätigung der eigentlichen Zielgenauigkeit sein könnte. Weißt du, wo die Straße XY ist? „Ba vonts" als Antwort kann da auch wie eine Drohung klingen, obwohl die Botschaft eine äußerst hoffnungsvolle ist, man denkt, es wäre alles in Ordnung und die Straße XY selbstverständlich die Lieblingsstraße des Chauffeurs, in der mindestens seine Geliebte zu Hause ist.

„Liebst du Deine Frau?" Auch hier kommen mit der kehligen Antwort „ba vonts" einige Zweifel auf, aber nur einige, der Rest ist Schweigen. Dennoch rettet uns „ba vonts" in Yerevan immer wieder das Leben, alle Zweifel werden ausgeräumt, und das Zweifeln macht krank oder zumindest ängstlich, und in Armenien darf man alles sein, nur nicht ängstlich, kein Armenier ist ängstlich, nie und nimmer. Denn die Angst frisst die Seele, und für viele in diesem Land ist Seele das einzige, was man noch hat unter einer Sonne, die ihrerseits unmenschlich scheint, als dürfte die Nacht niemals kommen. Eine Sonne, die Kinder zur Bewusstlosigkeit überredet und die Älteren zum Tod, doch der Tod ist das Letzte, was man in Armenien brauchen kann, und auch den Tod kann man sich nicht leisten, nicht nur angesichts der 6000-jährigen Geschichte und der Zukunft mitten im Völkermord-Dilemma, das seit 100 Jahren nicht gelöst ist. Nach sechstausend Jahren erleichtert „ba vonts" immerhin das Herz und vermittelt dem Taxigast, dass es noch weitergeht, auch im schlimmsten Verkehr. „Ba vonts" sollte man in Gegenwart von Damen allerdings nur schüchtern sagen, es sei denn, man ist sich sicher, das Geld für einen Mercedes in der Tasche zu haben.

So kann „ba vonts" als das Bekenntnis zum letzten möglichen Leben auch in der Fahrtluft ein wenig angeberisch verhallen oder zu Recht als der unpassende Versuch eines Hahnenschreis in der Hühnerbatterie gelten, wenn man mit einem dottergelben Taxi unterwegs ist. Andererseits bedeutet „ba vonts" dann doch wieder Kraft, auch wenn diese in der Luft verpufft. Immerhin ist alles gut gemeint, obwohl so viele schon tot sind und man das Leben und den Mut immer noch versucht.

Schließlich ist „ba vonts" ja sympathisch, man muss nicht verängstigt sein, wenn man es hört. Man kann die Angst ablegen, die über Jahrhunderte in Armenien kultiviert wird. Und der Mut in diesen zwei Worten ist immerhin nicht aggressiv, sondern ein Versuch, Vertrauen zu erfinden. Sehr oft verhallen die beiden Worte aber auch in der Weltgeschichte, und die kräftige Stimme des Taxifahrers kann nicht laut und überzeugend genug sein, damit das halbtote Kind vor hundert Jahren in Mush oder Zeitoun oder Istanbul gehört wird. Immerhin – man fährt weiter und versucht sein Bestes. Alle sind lebendig, noch. Der Taxifahrer und sein Passagier – und der Leser; denn im Armenischen lesen beim Lesen immer drei Menschen. So steht das in den Märchen.

„chntrem“ („chntroum em“) – Bitte !

Dieses kleine Wörtchen, im wahrsten Sinn des Wortes, wird kaum verwendet, ist aber doch immer wieder ein probater Versuch, einander näher zu kommen. Viele haben sich schon längst von der Bitte-Danke-Debatte, von dieser etwas komplizierten Tradition der ersten Kommunikation verabschiedet, andere sehen immer noch eine Chance darin. Das Bitte-Danke-Drama ist wohl europäisch, ureuropäisch, tragisch österreichisch, denn ein Bitte-Danke hätte die Schüsse von Sarajewo wohl um diese kritischen Sekunden verzögert, was aber einerseits nicht stattgefunden hat und andererseits die Existenz des Konjunktivs, die die Existenz des Thronfolgers in vielerlei Hinsicht übersteigt, ihn metaphysisch sogar aushebelt, nachdem er physisch ja ohnehin ausgehebelt wurde, äußerst meta-physikalisch und konkret zugleich. Entsprechend den Regeln eines faszinierenden armenischen Überlebenssportes, der vor allem seit 1915 mit großem Erfolg auf der gesamten Welt gespielt wird.

Die Aushebelung der Existenz, auch das passiert in Yerevan, also nicht nur in Sarajewo. Das Neuerfinden einer Existenz, die sich jenseits von Bitte und Danke abspielt, denn weder das eine noch das andere ist von Bedeutung. Erstaunlich und schön ist nur der Moment, jede Form der Höflichkeit ausnahmsweise auszulassen, um die wichtigsten Sekunden zu nützen, neue Sekunden zu erfinden, in der Vergangenheit, jetzt beim Lesen und überhaupt. Die Schüsse auf Talaat Pascha in Berlin waren „weise“ im Vergleich zu diesem Unglück in Sarajewo. Nicht umsonst hat der höfliche armenische Schütze in Berlin „chntrem“

gesagt und dadurch zu verstehen gegeben hat, dass die komplizierte Struktur von Bitte/Danke immer noch funktioniert. In Yerevan hingegen wären die Schüsse von Sarajewo nie und nimmer gefallen, und zwar aus den folgenden Gründen: 1. Die Armenier sind noch schlechtere Autofahrer als die Österreicher. 2. In Yerevan hätte man welchen Thronfolger auch immer zuerst umarmt und dann erst auf ihn geschossen, ohne ihn zu treffen. 3. In Yerevan hätte es andere Dinge zu tun gegeben, es wären Feste zu feiern gewesen, und die sind noch zu feiern, solange es Armenien gibt.

„eh!“

Das sagt man, wenn man nicht mehr reden will, wenn alles schon gesagt ist, wenn noch unendlich viel gesagt werden könnte, das nicht mehr gesagt werden kann, wenn sich der Sinn des Sagens und Redens auflöst, wenn die Frauen immer schöner und die Freunde immer freundlicher werden.

„Eh“ spricht man nicht selten mit einem Glas in der Hand, der Blick stets zum Himmel gerichtet, denn dort sind alle anderen, welche auch immer. Man braucht aber für „eh“ auch kein Glas in der Hand, sondern kann sich in diesem Moment an die erinnern, die da oder nicht da sind, wo ist der Unterschied? Dieses Dasein der Nicht-Daseienden ist ein ewiges armenisches Thema. Die Überwindung des Verschwindens, im besten Fall durch ein Lachen, im schlimmsten Fall durch einen zweiten Versuch, dieses „eh“, das nie und nimmer traurig ist, trauriger auszusprechen.

Das armenische „eh“ hat mit dem Wienerischen „eh“ überhaupt nichts zu tun. Wenn ein Wiener „passt eh scho“ sagt, wobei das „eh“ wohl bestenfalls die Verkürzung des „piefkinesischen „ohnehin“ bedeutet, dann heißt das so gut wie gar nichts, ein grammatikalischer Furz sozusagen. Wenn ein Armenier „eh“ sagt, dann niemals in einem Satzzusammenhang, sondern immer als Manifestation. Das „eh“ muss allein stehen, einsam unter dem Himmel, das Glas hält man nur für dieses Wort in der Hand, oder für die Hoffnung auf das, was gemeint ist. Natürlich ist das „eh“ nicht wienerisch gemeint, sondern himmlisch und deshalb armenisch. Depression hier, Euphorie dort. Dennoch ist die armenische Euphorie mit Vorsicht zu genießen. Die Vorstellung, die Weltgeschichte überlistet zu haben, ist nur manchmal tatsächlich vorstellbar, und auch das nur in einer tollkühnen Variante der Vorstellung, übersetzt ins Armenische, das in diesem Fall die Musik eines Wortes namens „jerevagaoutioun“ (Vorstellung) anzubieten hat. Musik ist schön, Bedeutung ist anders, was immer sie auch bedeuten mag. Immerhin ist das armenische „eh“ eine der kürzesten Arien der Weltgeschichte und damit ein großartiges Stück Musik. Das österreichische „eh“ klingt im Gegensatz dazu äußerst billig und geradezu unmusikalisch, das ist eben der Unterschied zwischen den Kulturen, wenn auch der Alkoholgehalt des armenischen „eh“ den seiner österreichischen Variante bei weitem übersteigt.

„genatst“ – auf dein Wohl, prosit

Das Wort ist gut gewählt: genatst – auf dein Leben, denn entweder überlebt man oder man überlebt nicht. Die Wahl des richtigen Schnapses ist eine Überlebensentscheidung. Mit Maulbeerschnaps lebt man mindestens zehn Jahre länger, als jeder Wiener Herzchirurg voraussehen will, man trinkt je mehr desto besser, nur nicht in der Früh, außer mit dem Präsidenten. Bei Wodka könnte all das tödlich enden, was aber auch schön ist, da bei Begräbnissen der Sarg stets offen ist. Auch die Toten dürfen atmen. Tante oder Onkel im Sarg sehen also, auf rote Nelken gebettet, immer noch die Sonne und hören diejenigen, die ihnen mit dem lebensspendenden oder dem todbringenden Schnaps (Maulbeere oder Wodka aus der üblichen Produktion) – ob sie wollen oder nicht – einander zuprosten. Die lebendigen Armenier fragen sich wohl genauso wie ihre Gäste, auf welches Leben da angestoßen wird, es sei denn, man fragt sich nach dem siebten Glas gar nichts mehr. Ist es das Leben als Überlebender, das da begossen wird, das Leben eines Menschen, dessen Großmutter einen Völkermord überlebt hat, das Leben eines Trinkers, der einen Trinker überlebt hat, das Leben eines geliebten Menschen, der einfach geliebt werden will, worauf zu Lebzeiten aber nicht geachtet wurde? Oder ist es das Leben eines erfolgreichen Wirtschaftsstudenten, dessen Vater die Höhen und Tiefen der Sowjetunion lebendig überstanden hat? Oder geht es um die immer noch vorhandene Lebendigkeit in einer postsowjetischen Gesellschaft, in der der Porsche zwar viel, aber nicht alles ist und trotzdem nicht genug, um ein wirkliches Leben zu leben? Denn dieses wirkliche Leben funktioniert in Armenien immer noch so, dass man auf der Straße gegrüßt oder umarmt, aber nicht belogen wird. Ein Porsche macht dieses Leben schwierig, man ist also auf dem elegantesten Boulevard der Hauptstadt ein lebendiger Toter, da ja der Porsche begrüßt wird und nicht derjenige, der ohnehin viel zu klein und schlecht frisiert hinter dem Lenkrad sitzt. Die Wahrscheinlichkeit ist durchaus vorhanden, als Nicht-Porsche-Fahrer von einem Porsche-Fahrer mit dem letzten „genatst" auf den Lippen überfahren zu werden, unter der schönsten Yerevaner Mitternachtssonne. Und das nur deshalb, weil der Porschefahrer vergeblich in seinem Auto auf jenes Mädchen gewartet hat, dass nicht Porsche fahren will, sondern viel eher mit einem verrückten und armen Berliner, der nicht einmal einen Führerschein hat, über Literatur sprechen will. Die Tragöde Yerevans besteht natürlich auch darin, dass die Töchter der Stadt Lizenzen für viele Sprachen und Wissenschaften besitzen, so manche Männer aber höchstens die Lizenz zum Fahren, nicht einmal die Lizenz zum Töten, und beide Lizenzen sind auch noch vom Herrn Papa gekauft. Daraus erklärt sich die Wut gegenüber dem Berliner auf der Kreuzung, es erklärt aber nicht den wunderbaren Klang des Wortes „genatst". Da geht es um keine Autos, da geht es ums Überleben, um das bereits überlebte Leben und die weitere Chance des Lebens durch Überleben. Was auch immer mit „geank" (Leben) gemeint sein mag, ob dieses Leben oder Überleben einen Sinn hat oder darin besteht, diesen Sinn zu suchen. „Genatst" ist aber immer auch in der schwermütigen armenischen Welt der Versuch, eine Leichtigkeit zu erfinden. Als Armenier ist man geradezu verurteilt, diese Leichtigkeit wenigstens zu proklamieren.

Der Maulbeerschnaps hilft immerhin über das Schlimmste hinweg, der Wein könnte hie und da österreichischer sein, das Gegenüber, die Ministerin und ihre Sekretärinnen, lassen das Leben jedoch wieder aufleben. Außerdem bedeutet Leben in Armenien immer Überleben in seiner schönsten Form, und das ist der nächste Tag, der mit einem neugeborenen Hirn gefeiert werden soll. Die Schweizer behaupten ja sehr korrekt, dass ein solches Denkorgan um ein paar Franken in der Metzgerei ums Eck oder in Wien in der Prosektur zu haben ist. In Yerevan bestehen sowohl die Yerevanerinnen als auch die Yerevaner auf dem eigenen Gehirn, nicht nur aus nationalistischen, sondern auch aus praktischen Gründen, was auch wieder mit der Sprache zu tun hat, die nicht mit jedem beliebigen Hirn kompatibel ist. Die Sekretärinnen wissen das am besten. Vor allem leben sie und haben den Maulbeerschnaps überlebt, haben 6000 Jahre armenische Geschichte überlebt, das kann unter dem Motto von „genatst" nur der Beginn eines Lebens sein. Und dennoch, oder dennoch, leider, sozusagen, um es ins Wienerische zu übersetzen, wäre die Freude über das Leben durchaus unarmenisch, und das ist die Tragödie. Auch das Wienerische kann grausam sein, doch hat man sich von weltgeschichtlichen Zusammenhängen verabschiedet. Man hat 6000 Jahre überlebt, nicht nur die eine, sondern viele andere Katastrophen, und freut sich des Lebens nicht. Das ist mehr als nur eine Spätfolge des Maulbeerschnapses, das ist der Stolz aufs Leiden, aber Leiden allein ist zu wenig: Literatur und Leben sind besser.

„hai mart“

… sagt man in liebevoller Besorgnis, meistens auch, um dem sehr geschätzten jeweils Anderen sozusagen den Kopf zurecht zu rücken, ihm das Herz aus der Hose zu holen, ihm an die Eier zu gehen. Wörtlich übersetzt bedeutet „hai mart“ nichts anderes als „armenischer Mensch“, und das ist komplex genug. Diese Anrede wird von Nichtrauchern und von Rauchern verwendet, vor allem aber von Rauchern und rauchenden Germanistinnen, denen aber auch Shakespeare am Herzen liegt, ganz zu schweigen von Lord Byron.

Damit wird eine Komplexität oder Kompliziertheit angesprochen, die nur von Armeniern verstanden wird. Einerseits holt man den Angesprochenen zurück – von der individuellen in die kollektive Kompliziertheit, andererseits warnt man ihn eindringlich davor, sich in einer Geschichte zu verrennen oder eben in der Geschichte schlechthin, ein Lieblingsthema der Armenier. „Hai mart“ wird stets liebevoll ausgesprochen, allerdings nicht ohne eine Portion Pathos, denn man will doch niemanden verlieren. Der mit „hai mart“ Angesprochene könnte zerstreut sein, desorientiert, übermüdet, verirrt in einem Missverständnis, unkonzentriert wegen der Wetterumstände, einfach im Irrtum oder irrtümlicherweise zu sentimental.

Diese Anrede ist wie ein Weckruf, um das Herz wieder schlagen und das Hirn wieder denken zu lassen. Insofern ist „hai mart“ wie ein Medikament oder auch ein gesunder Schlag auf den Kopf (ohne die Frisur durcheinander zu bringen) oder ein liebevoller Stich ins Herz mit dem Frühstücksmesser der Lieblingstante, das ein Buttermesser ist und niemals einen Tropfen Blut gesehen hat.

Das Ergebnis ist unterschiedlich. Manche antworten mit demselben „hai mart“ und lassen die Tröstung oder Besorgnis, aber auch einen Hauch von Wut in Schwebe, andere gehen in sich, um in die Jahrtausende der eigenen Geschichte zurückzukehren. Wieder andere, und das sind die meisten, heben den Kopf zum Himmel, suchen die Sonne, sagen „eh“ und werden neue Menschen. Dennoch will man mit „hai mart“ nicht einen neuen Menschen beschwören oder einen uralten aus der Geschichte hervorholen. Es geht stets um den Boden unter den Füßen und um die Liebe zum eigenen Schatten, die man nur wiederfindet, wenn man auch die Sonne wiedergefunden hat – oder eben einen Freund, der einen an all das erinnert, sodass die Chance besteht, weniger kompliziert zu sein und die eigenen Konturen wieder zu finden, die klaren Konturen des eigenen Schattens. Der Schatten von „hai mart“. Von „armenischer Mensch“.

„hert gankne l" – in der Schlange stehen

Die Schlange ist nie und nimmer eine Warteschleife, auch wenn die Wartezeit dieselbe sein könnte. In der Zeit der echten Schlangen, des echten Wartens, gab es noch keine Warteschleifen, Telefone waren so gut wie nicht vorhanden, auch in einem Land wie Armenien, das zu einem der fortschrittlichsten in der Sowjetunion gehörte. Und zwar aus leicht nachvollziehbaren Gründen: Weit weg vom „Zentrum", gut in der Sonne gelegen, mit Bergen, die dem freien Denken durchaus förderlich sind. Dennoch gab es die Warteschlangen, und hier war Kreativität gefordert. Man kann eine Stunde lang stehen, sich die Füße in den Bauch stehen, wie das in Nordeuropa so gerne praktiziert wird, wobei niemand so genau weiß, was er mit den Füßen dann wirklich machen soll. Es geht ja, thematisch sozusagen, um das Stehen und nicht um das Gehen. Nun gibt es aber viele, von Hamburg bis Wien, die Bewegungstechnik auch im Gehen verstehen, obwohl sie ganz und gar nicht in einer Schlange stehen. Eine armenische Schlange vor einem Butterladen ist dagegen eine Tanzveranstaltung der Sonderklasse, und jeder Armenier stand immer schon schneller als ein müder Wiener überhaupt gehen hätte können, wobei sich das auch auf die postsowjetische Gegenwart bezieht. Während man also in Wien nicht einmal im Stehen richtig gehen oder diesen langweiligen Walzer tanzen kann, wo einem schon beim Hinschauen schlecht wird, beherrschen die Armenier das Schlangestehen immer noch bis zu Vollkommenheit und bewegen sich im Stehen viel besser als ein Tango-Tänzer, wenn auch nur im Kopf. Was passiert aber im Kopf? Das Schlangestehen (jenseits aller Warteschleifen) ist vielleicht nicht nur mehr als ein Stehen, sondern auch mehr als das Denken! Darf das sein? Ist die Schlange eine Verhaltensform jenseits der Dumpfheit, jenseits der Dumpfheit des Wartens? In der armenischen Schlange ist das Warten nicht dumm oder verzweifelt, nicht unbedingt ein Zeichen der Hoffnungslosigkeit. Das armenische Warten ist fast so wie Chorsingen oder Fußballspielen oder Rennfahren oder Schnapsbrennen oder ein Umarmen der Mutter, Frau und Kinder, oder genau das Gegenteil, wobei wir nicht wissen, was das bedeutet, denn wir stehen ja immer noch wartend und fragend in der Schlange (die keine Warteschlange ist). Die klassische Schlange windet sich selten, nur an sehr schlechten Tagen, unter der Hitze, im Fall von Erschöpfung und Müdigkeit. Sonst ist das Stehen in der Schlange ja eine Einübung in die Munterkeit. Kaum jemandem in der Schlange würde einfallen, zu liegen. Wieso das so ist, bleibt wohl ein sowjetisches Mysterium. Auch anatomisch betrachtet und wegen der anregenden Variationen des Zusammenliegens statt des Zusammenstehens. Warum ist jahrzehntelang, weder in Yerevan und schon gar nicht in Moskau, jemand in der Schlange *gelegen*, und zwar absichtlich, nicht wegen der üblichen Bewusstlosigkeit? Leider wird in Armenien das Liegen immer wieder mit dem Tod zusammengedacht, mit dem Tod verwechselt, da ist von Liebe keine Rede. Bei allem Verständnis für den historischen Hintergrund sollte man es dennoch mit dem Stehen nicht übertreiben. Ist man im Stehen wirklich lebendiger als im Liegen? Zu liegen und trotzdem lebendig zu sein, darum geht es. Das Liegen darf nie und nimmer zur Niederlage werden, sondern zum Triumph, solange man nicht allein liegt und keine Kugel im Kopf hat. Hie und da gab es schon Hoffnung in der Schlange („hert ganknel"). Es wurden Ehen vereinbart (Großmütter und Großtanten haben stets das größere Stehvermögen), es wurden Autos verkauft, sowohl die existierenden als auch die nicht existierenden. Es wurden Pläne geschmiedet bis hin zum Umsturz der Regierung, denn oft brennt die Sonne sehr heiß und die Herzen kochen fast schon unter dem Hemd, während das Hirn eher gebraten wird – der klassische Kurzschluss des Hirns, der Hitzetod, wenn es beginnt, an die Regierung zu denken oder von Breschnjew zu träumen. Ist aber der seinerzeitige Leonid Breschnjew, einer der Miterfinder des Schlangestehens oder einer der großen Propagandisten dieser Kultur, niemals gelegen, auch immer nur gestanden, auch beim wohlverdienten Tiefschlaf als Zentralsekretär mitten im Bett, sozusagen? Niemand, auch nicht die Armenier, wollen das glauben. Nur wenige, wahrscheinlich nur die österreichischen Pseudo-Armenier, tragen Breschnjews Brillen, um billiges Geld am Schwarzmarkt in Tiflis erstanden, unter der tätigen Mithilfe eines armenischen Kollegen und Experten für zartes Gold und schwere Lastwagen.

Auch die Österreicher liegen sehr gerne und können sich mit der senkrechten Kultur des Stehens in der Schlange nur schwer anfreunden. Aber durch die Künste der Übersetzung funktioniert alles. In der Schlange stehend (es ging um sibirische Heringe, maximal ein Jahr frisch) meinte ein Professor des Altarmenischen, dass Deklinationen doch zum Aufrechtstehen geradezu inspirieren. Der österreichische Gast, etwas müde unter der Sonne, sah in der Deklination eher eine Verbiegung der Wirbelsäule, wobei ihm der Radiotechniker in der Nebenschlange, der immer die Schreibmaschine des österreichischen Gastes lötete, zustimmte. Das wollte aber der aufrecht und stolz vor sich hin stehende Professor nicht dulden und appellierte an das Rückgrat nicht nur der Heringe im Eis, sondern auch an das zweifellos funktionierende Rückgrat all der anderen, die warteten. Der Verkäufer der eingefrorenen Heringe, die immer noch nicht da waren, auch er ein Philologe oder Schauspieler oder Taxifahrer, versuchte die senkrechte Deklinations-Diskussion (mit der Tendenz zum Waagrechten) in eine mehr oder minder waagrechte Konjugations-Diskussion zu verwandeln. Er spürte die Fremde des Fremden, den Widerspruch zwischen Österreich und der Sowjetunion, eher den Widerspruch in der Wartehaltung, nicht in der Erwartungshaltung. Österreich wäre fast so waagrecht wie Russland, versuchte man in der Schlange einen Versöhnungsversuch. „Österreich ist ganz und gar senkrecht, wenn auch nicht so wie ein tiefgefrorener sibirischer Hering", hätte der wartende Österreicher fast erwidert, wenn ihm nicht die traurige Geschichte der lebendig eingesalzenen Saiblinge in den Sinn gekommen wäre, die übrigens gar nicht stimmt, sondern von einem Oligarchen in Kitzbühel in die Welt gesetzt wurde. Beim Warten verliert man sich eben sehr leicht bis ans Ende der Welt – und das ist erst der Anfang des Wartens. Die einzige Erlösung ist das Lesen, das hat schon Breschnjew gewusst, denn seine Brille war *die* Lesebrille der 70er Jahre.

„klouche hartugel“ – den Kopf bügeln

Vorzustellen wäre ein gut gebügelter Kopf, am besten der eigene. Gebügelt von einer allzu hohen und lauten Stimme mit Worten, die schwerer wiegen und fester sind als ein menschliches Hirn, zumindest das eigene. Es ist der Metallgehalt der Stimme, aber auch noch eine Hitze, die die Hitze meines Kopfes selbst im höchsten Fieber übersteigt. Ganz zu schweigen vom Dampf, der gekochten Luft, die um die Ohren bläst. Beim Hören dieser Stimme spürt man, wie der Kopf tatsächlich langsam flacher wird, sich über den Tisch ausbreitet. Das Gesicht verliert seine Formen, Konturen und Falten verschwinden im Dampf, die Augen werden groß und flach und dünn und glänzend wie zwei Frühstücksteller. Der Tisch ist eine gute Unterlage, weich auf den Wangen, auf der Stirn, mit dem Geruch von Tee und Salz von gestern – und immer noch der Holzgeruch aus einem fernen Wald. Die Stimme fährt heiß und hart durch die Haare und über die Ohren, der Tisch scheint immer flacher, immer friedlicher und stiller zu werden. Schließlich ist der Kopf so dünn und durchsichtig wie ein Leintuch, gut über den Tisch gebreitet, von einem Ende zum anderen – frisch und heiß gebügelt. Dann ist es gut, wenn dieser Kopf, mit Haarmuster und Ohrenornament, mit weit auseinander geschwungenen Lippenkonturen, mit Augenbrauen, da- und dorthin gebügelt, mit einer Nase irgendwo, mit den Wangen hie und da (gut rasiert, noch vor dem Bügeln) … für das Abendessen auf den Tisch gebreitet wird.

„mernem kes“ – ich sterb’ für dich
„geankit mernem“ – ich sterb’ für dein Leben

Das klingt schöner als Applaus und ist auch nicht so flüchtig. Stille statt Lärm, fröhliches Verbluten statt „Bravo“ im Gesicht. Verklärung mit blasser Visage, zum letzten Mal glänzende Augen, kalt prickelnder Todesschweiß auf der Stirn. „Mernem kes“ wird aber immer öfter auch euphorisch artikuliert, als werfe man sich in die Wurstmaschine, so wie andere in den Swimmingpool springen, einer Badeente gleich, als läge man singend auf dem Rost zwischen Grillfleisch und saftig aufgeplatzten Tomaten, als spränge man vom rostigen Balkon auf die gut befahrene und schön beleuchtete Yerevaner Kreuzung mit all den Autos, die nicht bremsen, nie und nimmer; so als schösse man sich in den Himmel, um von weit oben immer und ewig zu winken, so als zerplatzte man wie einer der Geburtstagsluftballone am Grab des Heiligen Mesrob. Wenn zu einem „mernem kes“ gesagt wird, und das geschieht nicht selten, so muss er kein Beileid wünschen und ist irgendwelchen Hinterbliebenen nicht verpflichtet. Auch sie wären imstande, von einem Moment auf den anderen dasselbe zu sagen. Außerdem kann das angekündigte Sterben ziemlich lange dauern, man wird noch viele Würste essen, überdauert gemeinsam so manchen Grillabend, überlebt, mitten im Sterben, so manchen Sprung auf die Kreuzung und zählt sehr viele Raketen und Luftballons. Denn alles stirbt schön in der Luft.

„oudem kes“ – ich esse dich

Brot allein ist oftmals nicht genug, vor allem zum Frühstück. Auch wenn das Brot nicht trocken ist. Vor allem Lawasch, das armenische Fladenbrot, warm von der frischen Holzkohle, hat noch ein wenig Waldfeuchtigkeit, zumindest im Geschmack. So sagt man zu denen, die man in der Früh sieht, beim ersten Wiedersehen nach der Nacht, mit einem Stück Paradeiser im Mund, einer Gurke zwischen den Fingern und dem Dampf des heißen Tees im Bart: „oudem kes“ – ich esse dich – und zwar nicht nur, wenn die Schminke gut aufgetragen ist oder die kaukasischen Wilderlederhandschuhe verführerisch glänzen. Mit „oudem kes“ ändern sich in jedem Fall die Geschmäcker des Tages.

Es liegt nicht nur ein Haar auf der Zunge, gefärbt oder ungefärbt, sondern auch der Duft frischer Nieren oder auch das Aroma einer beinahe jungfräulichen Raucherlunge, in feine Scheiben geschnitten und auf Karabacher Mandarinen serviert. Nicht nur das eigene Rasierwasser steigt in die Nase, sondern der Geruch eines fein gegrillten Lendenstückes, auf dem seltenen Aeroflot-Bordporzellan liebevoll serviert. Sowohl die Haarlocken, als auch die frischen Nieren, aber auch die Lungenfilets oder Lendenstücke lassen sich unschwer in ein Fladenbrot rollen, als Jause für zwischendurch, um auch untertags das „oudem kes“ nicht zu verlernen. So kommt zur Waldfeuchtigkeit der Lawasch ein wenig menschliche Hitze hinzu. Auch der Taxifahrer könnte etwas Ähnliches sagen, wenn das Trinkgeld gut ist oder die Zigarettenmarke die richtige, natürlich auch der Freund und Verleger, der allerdings, so wie viele andere, ob er nun David heißt oder Phokys oder Tantalos oder einfach Ashot, seit der Früh schon einiges andere gegessen haben wird.

„shnorhagaloutioun“ – danke!

Dieses Wort ist eine Zumutung und ist doch eigentlich so gutmütig, charmant und großzügig. Wer sich bedanken will, sagt „shnorhagaloutioun“, ganz schlicht, so wie man anderswo „danke“ sagt oder „grazie“. „shnork“ bedeutet so etwas wie „gratia“ im Sinne von Gunst, Gnade und Anmut. Die Verlängerung des Wortes liegt nicht in der Schuld der Reiseleiter oder böswilliger Linguisten, es ist sozusagen passiert, wie auch die Einsamkeit der Armenier immer und immer wieder passiert.

Je länger die Wörter, desto länger die Geschichte und desto größer die Einsamkeit, das haben auch Isländer zu spüren bekommen, oder Schotten, ohne auszusterben, wonach den Armeniern auch nicht der Sinn steht. Die durchaus freundliche Kompliziertheit der Sprache führt aber dazu, dass sich selbst die großen Freunde des Volkes und des Landes, die die Sprache lernen wollen, letztlich vor dieser Sprache fürchten, angesichts eines Wortungetüms, das aber kein Ungetüm ist, sondern einen Charme in sich hat, der eben erst entdeckt werden muss.

Manche hatten das schon viel früher erkannt, etwa Lord Byron oder der eine oder andere Österreicher, sogar die Franzosen können dem Sound des Armenischen einiges abgewinnen. Umgekehrt auch die Armenier der entspannten Musikalität des Französischen, weshalb statt „shnorhagaloutioun“ im Alltagsleben ein saloppes „shad merci“ durchaus erlaubt ist, was aber die mittlerweile vollkommen verschreckten Kandidaten für einen Armenisch-Kurs nicht mehr erfahren.

Außerdem darf man die beiden „ou's" nicht überhören, wenn man die Physiologie von Vokalen und Konsonanten versteht, vor allem die Vokale als Fleisch der Sprache. Werden sie gut verwendet, dann schmecken sie auch gut oder fühlen sich einfach gut an. Die zahlreichen Konsonanten des Armenischen sind wie die Knochen der Menschen, die zwischen den Steinen seit 100 Jahren unter der Sonne liegen. Das mag pathetisch klingen, doch auch das Pathetische gehört zum Stil des Armenischen und zur Erinnerungskultur in Literatur und Geschichte. Doch soviel Fleisch wie bei diesem etwas komplizierten Wort „shnorhagaloutioun" gibt es selten, wenn es darum geht, Grammatik und Etymologie durch (eine viel zu wenig gewürdigte) Sinnlichkeit zu überwinden.

Auch das im Armenischen exzessiv verwendete „a" versucht, den Leser zum besseren Atmen beim Lesen zu überreden. Neben den „ou's", die man in welcher Form auch immer physisch interpretieren möge, ist das „a" genauso wichtig oder vielleicht noch wichtiger. Es bedeutet Balance, ein Gleichgewicht der sprachlichen Intelligenz, die im armenischen Kontext, nicht nur historisch, sondern auch klimatisch nicht leicht zu bewahren ist.

Die Hitze unter Tags ist enorm, im Sommer tatsächlich grausam, die Kälte in der Nacht auch für die abgebrühtesten Grammatik-Experten äußerst heftig. Zwischen all diesen Extremen des Sprechens und Fühlens, zwischen all den Krisen der europäischen Hirne mit einem völlig anderen Kreislaufsystem, also einer anderen Grammatik-Struktur im Hintergrund, ist das armenische „a" die einzige Rettung. Seine überdurchschnittlich häufige Verwendung erzeugt ein Gleichgewicht, das auch in der Literatur zu spüren ist, die diese Gegensätze verbindet. Beim Lesen und Hören überlebt man trotzdem, kann man immer noch atmen, auch das schwächere Herz kann schlagen, weil die Vokale funktionieren, vor allem das „a", und einen lesend und sprechend immer wieder retten inmitten der konsonantischen Grausamkeit. Die beste Tröstung ist dann aber immer wieder das „ou", das einem einen Frieden bringt, den wenige Sprachen bieten können. Bedauerlich ist, dass sich so viele vor dem einfachen „Danke", „shnorhagaloutioun", so sehr fürchten, dass ihnen die Variationen des „ou's" letztlich unbekannt bleiben müssen. Daraus ergibt sich kein Unglück schlechthin, aber doch so etwas wie eine vergebene Chance. Wenn jemand Grammatik liebt und jenseits der Grammatik erst recht die Sprache, die ja oft durch die Befreiung aus der eigenen Grammatik erst so richtig zu existieren beginnt, dann muss diese Balance zwischen dem „a" und dem „ou" etwas Schönes sein, einfach und besonders, klar und lebenswert, ob man nun armenisch spricht oder nicht, ob man nun „Danke" („shnorhagaloutioun") sagt oder nicht. Bitte!

„… tchan“

Ein Wort, das es nicht alleine gibt und das doch überall und nirgends in der Luft schwebt. Es lebt nur wie ein Echo, oder eine Art Licht, oder wie frischer Wind, um ein anderes Wort herum. Aus dem vierschrötigen „eghbair“ (Bruder), der brüllend Würfel spielt, gern sein Waffe putzte, wenn er eine hätte, noch lieber sein Messer polierte, wenn er eines hätte, aus diesem „eghbair“, der ungern einen Satz zu Ende spricht und einen auch nicht ansehen will, wird mit „eghbair-tchan“ ein zartes seelenvolles Wesen, ein Engel der Zuneigung, ein entfernter Verwandter, so nah. Aus der grausamen Tante, die den unschuldigen Gast mit einem siebengängigen Menue endgültig vernichten will, deren Wille so stark ist, dass auch der Vegetarier eine Portion Schweinsbraten in sich hinein zu würgen hat, jene Tante, die dem zartesten Mineralwassertrinker mit ihrem Maulbeerschnaps das lebenslängliche Fürchten lehrt, aus dieser Tante wird durch „…tchan“ so etwas wie ein Schmetterling, der dem Gast die feinsten Küchendüfte zufächelt. Sie löst mit einem einzigen Blick jedes Verdauungsproblem, alle Hirne werden wieder klar.

Der Nichtschwimmer wird zum Olympioniken, der Analphabet zum Astronauten, der faule Sack zum tollen Hengst und vieles mehr. Doch so grobschlächtig müssen die Verwandlungen gar nicht sein, die sich durch „…tchan“ herbeiführen lassen, man spürt es schon am eigenen Leib. Da wird die eigene Hand vom Händedruck des anderen nicht mehr „erwürgt“, da werden auch die Zigaretten echter, die man hie und da geschenkt bekommt. Es lässt sich besser atmen, vor allem dann, wenn der Smog in Yerevan die Augen trübe macht. Dann lässt sich mit „…tchan“ auch das Unbelebte beleben. Der Kühlschrank beginnt zu schnurren, wenn man ihn mit einem „…tchan“ beehrt, der Herd errötet und die Tinte in der Feder wird menschenwarm.

„tsavt danem" – ich nehme deinen Schmerz weg

Wer wen sieht und mag, der sagt genau das, manchmal ziemlich oft, manchmal auch in jedem zweiten Satz. So sind die Worte schon so leicht, dass selbst ein Schmerz, der nicht da ist, gar nicht leichter sein könnte. „Tsavt danem" sagt man öfter, als es Schwalben in der Luft gibt – hoch über den Bäumen in einem Yerevaner Abendgarten, und das können doch sehr viele sein. Andererseits beginnt man dann gern, seine Schmerzen zu suchen. Die flüchtigen, hinter dem Ohr, die hinterlistigen in der Magengegend, die noch jung und frisch sind wie die Schwalbenküken, doch einmal so schwarz und scharf werden können wie die Schwalbenfedern. Dann fliegt auch, mitten im Reden, dieses „tsavt danem", wie ein Schwalbenschatten über die Haut, man spürt den Flügelschlag in den Ohren, wenn auch der, der das sagt, davon gar nichts merkt. Denn es kommt ihm von Kindheit an einfach so über die Lippen. Es fliegt genauso leicht von der Zunge wie die Schwalben.

Nur wenn das Nebenhergesagte betont wird, mit Nachdruck in der Stimme, vielleicht noch von einer Umarmung begleitet, dann wird aus der leichten Konversation bald eine schwere Operation, die sowohl schmerzhaft als auch heilsam sein kann, aber immer ernst bleibt. Manchmal fallen dann auch die Vögel vom Himmel und es wird still, oder aber, bei gelungener Operation, ist der Lärm so groß, dass dem Gelächter nicht mehr auszuweichen ist. Und das Lachen ist ein wohltuender Schmerz, wenn er einem irgendwann auch wieder genommen wird, wie im Flug.

* * *

GLOSSAR

Ararat

Der heilige Berg der Armenier. Seine Heiligkeit ist auf unzähligen Postkarten, auf Schreibtischnippes, an den Wohnzimmerwänden in den abenteuerlichsten Farben verewigt, der Berg Noahs genießt auch unter den Pilgern höchste Verehrung. Die Archen- und Weingeschichten rund um den Berg füllen zahllose Bücher. Der Berg ist tatsächlich beeindruckend, wenn er mit seinen beiden weißen Gipfeln aus der Ebene hervorragt. Einer Ebene, die übrigens tiefer nicht sein könnte, auch wenn sie hoch gelegen ist. Über diese Hochebene verläuft die türkisch-armenische Grenze, ein Landstreifen, der auch in der Sonne düsterer und sinnloser nicht sein will. Die Heiligkeit des Berges steigert sich natürlich durch seine Unerreichbarkeit. Eine Wohnung in Yerewan mit der Sehnsuchts-Aussicht auf den Ararat ist um einiges teurer als eine mit Blick in die Hinterhöfe mit mehr oder weniger verwelkten Weinblättern. Weniger bekannt ist die Tatsache, dass der Ararat auch beleuchtet ist, wenn auch nur auf halber Höhe, denn dort befinden sich die NATO-Stützpunkte zur Beobachtung des ehemals sowjetischen Armeniens – fast schon weihnachtliche Lichterkränze in der Nacht. Entlang der Grenze, in der Ebene sind alle fleißig, ob sie nun russisch, armenisch, türkisch oder englisch sprechen. Die stolze Traurigkeit des Nationalismus muss verwaltet und bewacht werden. Für weniger traurige Menschen steht auch ein Cognac (Weinbrand, Brandy) namens Ararat zur Verfügung und viele andere Produkte der Sehnsucht oder des armenischen Fernwehs, die diesen Namen tragen, von der Seife über den Zucker bis hin zu Kinderkleidung. Der Berg selbst versucht sich zwischen Kitsch und Heiligkeit tapfer zu behaupten. Immerhin soll der erste Vollrausch auf seinen Abhängen stattgefunden haben (schon wieder Noah, diesmal einige Zeit nach dem Archen-Abenteuer), weshalb bis heute armenische Weine nicht die schlechtesten sind, aber noch besser werden könnten.

Benzin

… gab es lange Zeit so gut wie gar nicht, genauso wenig wie Gas oder Wasser. Auch Holz war ziemlich rar und Fleisch ohnehin. Es waren die finstersten Zeiten in Yerevan – im wahrsten Sinn des Wortes, denn auch Elektrizität war eine Kostbarkeit, die nur stundenweise ausgekostet werden durfte. Diese finstersten Zeiten waren zugleich hell, vielleicht heller als jetzt, in den Zeiten einer funktionierenden Energieversorgung. Man musste zusammenhalten, der Krieg um Nagorny Karabach war auf seinem Höhepunkt und die feindlichen Nachbarn saßen an den Öl- und Gashähnen. Die Finsternis der Stadt lässt sich heute in der Glitzerwelt des Zentrums kaum noch nachvollziehen. Mit einigen Glühbirnen kann man offenbar ein ganzes Leben erhellen. Wie es der Düsternis in den Köpfen geht, bleibt dahingestellt. Immerhin war es zwischen 1990 und 1993 gelungen, unter den schwierigsten Umständen zu überleben. Nun wird es schwieriger, es geht nun darum, unter besseren Umständen zu überleben. Das macht die Zeiten nicht besser oder heller, denn Benzin und Glühbirnen allein genügen eben nicht. Aber es gibt das Alphabet und eine Literatur, die auch in der finstersten Nacht und am dümmsten Tag weitergeschrieben und weitergesprochen wird.

Berg Karabach/Nagornij Karabach/Artsach

Die Bergregion im Norden des ohnehin sehr bergigen Landes wurde vor allem seit 1988 zu einer Symbolregion für das neue Armenien. Nationale Selbstbestimmung stand am Beginn, das Massaker von Sumgait war schließlich der Auslöser für einen Verteidigungskrieg der dort ansässigen Armenier, der sich zum Unabhängigkeitskrieg entwickelte. Bis heute sind die Fronten da, der heiße Krieg ist kalt geworden, sehr kalt im Sinne von „frostig“, wobei auch nicht mehr konstruktiv geredet werden kann. Jenseits aller Politik, jenseits des Todes, ist Karabach ein Zauberland, die sogenannte Schweiz des Kaukasus, auch ins Böse verzaubert vom Krieg. Vor allem die Kirchen machen einen geradezu verrückt, wieso sind sie dort, wo sie sind, wieso brennen Dörfer? Diese Fragen, diese Widersprüche zwischen der Schönheit der Landschaft, der uralten armenischen Architektur und der Grausamkeit des Alltags, auch das ist Berg Karabach.

„Chorovats" – das Frühstück, sehr gegrillt

Wem die Grausamkeit des Lebens ein Herzensanliegen ist, der sei auf ein armenisches Frühstück eingeladen. Im sowjetischen Stil allerdings. Statt mit vorsichtigem Joghurt in den Tag zu gehen, muss zuerst das Gegrillte überlebt werden. Schweinernes mit Zwiebel, erfrischt durch eine Schnaps-Inspiration, dann Bohnen und eine Suppe, dick wie Leim, aus Knochenmark, dann eine weitere hochprozentige Inspiration – die Metaphysik der Maulbeeren sozusagen, das bedeutet Schnaps.

Wem dann noch die Sonne scheint, dem scheint sie tonnenschwer am Himmel zu hängen, allerdings nicht so schwer, wie der eigene Kopf zwischen den Schultern hängt, es sei denn, man ist geübt im Umgang mit dieser Liturgie des Frühstücks als Überlebenskampf. Lachen hilft, wenn man es noch kann, ein Sprung in den Stadtsee (kein Trinkwasser, genau das Gegenteil sozusagen) oder den Sewan-See (Trinkwasser, aber zu kalt) hilft auch, wenn man das noch kann, und wer springt, der muss nicht immer schwimmen können, lernt es aber in Sekunden, denn der Tag hat erst begonnen und das Taxi wartet und im Ministerium werden schon die Bleistifte gespitzt.

Goumairi/Goumry/Alexandropol/Leninakan

Diese Stadt war stets abenteuerlicher als das etwas biedere Yerevan – schon allein die vielen Namen trägt sie mit Humor. Zuerst „Goumairi“, sehr pathetisch, ein Stadtname aus den Tiefen der Geschichte, Tausende Jahre alt, dann „Goumry“, die etwas orientalisierte Variante, schließlich „Alexandropol“. Der russische Zar hatte die brillante Idee, die Garnisonsstadt an der Grenze (sozusagen weit unter der Gürtellinie seines Reiches gelegen) nach seiner Frau Alexandra zu benennen. Es ist bis heute charmant, wenn Städte Frauennamen tragen. Allerdings musste dieser Name zu Lenins Zeiten abgelegt werden, weil der strenge Ehrenname „Leninakan“ partout nicht zu vermeiden war.

Der Humor ist geblieben, vielleicht gerade deswegen, denn einer Stadt kann ihr Name genommen werden, nicht aber ihre Seele und die Hitze der Dampfbäder und das Lachen der Dichter und der Zauber und das Wiehern der Pferde. Das Sowjetische wurde dezent verleugnet, bis zum Dezember 1988, bis zum Erdbeben.

Die Stadt wurde zerstört und hat sich bis heute nicht erholt. Bis dahin war Goumry/Leninakan etc. die Stadt der Fiaker, der Pferdekutschen, die Stadt der heißesten Bäder und des besten Humors, die Stadt der leichtsinnigsten und gefährlichsten Dichter, der Schauplatz wunderbarer Filme. Aber auch ein internationaler Ort, wo Russen, Griechen, Georgier und auch Deutsche oder Tschechen, die sich um die Vervollkommnung der Bierproduktion kümmern durften, friedlich zusammenlebten. Auch Esoteriker oder Zauberer wie Gurdjeff waren dort zu Hause und natürlich auch die Familie von Charles Aznavour. Heute sind nicht mehr Kaffeehäuser oder Bäder, sondern Spitäler die Orte der Hoffnung.

Hrant Matevossian (2)

Für Insider in Armenien ist er „der Hrant". Er ist nichts anderes als ein Autor, aber eben *der* Autor. Übertreibungen sind stets erlaubt, in seinem Fall aber nicht einmal notwendig. Er hat, schreibend und lebend, die armenische Literatur vor dem Absturz ins Provinzielle gerettet, aber nicht nur das. Er hat eine neue Richtung vorgegeben oder eine neue „Chemie" des Armenischen erfunden. Eine schwierige Mission zwischen Sowjetunion und dem, was im Westen passierte, zwischen den Beatles und ihrem Pendant Wladimir Vissotzky.

Hrant wählte einen ganz anderen Weg, es ging um eine andere Art der Sprachkultur in der armenischen Prosa, einfach und klar, ohne ästhetische Umschweife und Umwege, ohne den Geschmack der Parteiliteratur. Schlichtheit, das war es, und auch der gelehrte Schriftsteller schrieb die kompliziertesten Sätze mit dem Hirn des Bauern, mit dem Herz eines Holzfällers, oder mit der Leber eines Hirten.

Das war kein „Rezept", das war einfach die Lebensweise eines Mannes, mit seiner Verliebtheit in die Sprache, mit seiner lebensfrohen Freude an der Schlichtheit, mit seiner Überzeugung, dass die Einfachheit auch die Chance hat, kompliziert zu sein. So wie eine Wiese, ein Wald, einfach sind, so ist darin eine wunderbare Kompliziertheit versteckt, ein Schatz, den man nur erzählen kann – was Hrant auch getan hat.

Er hat als Autor das Armenische über das Sowjetische hinübergerettet, hat das Pathos vermieden und die Lüge der schönen Sprache. Seine Sätze sind einfach, als gäbe es keinen Staat, so als gäbe es nicht die Versuchung des

„Schönredens". Matevossian war zur selben Zeit der einzige Autor, der in den finstersten Zeiten des Sowjetregimes auch ernst genommen wurde, auch im westlichen Ausland, und auch das noch viel zu wenig.

Seine Erzählung *Metsamor* fasst so vieles zusammen, was Armenien ausmacht und die Selbstfindung der Armenier betrifft. Die Botschaft: ein Land ist ein Museum, junge Menschen mit kurzen Röcken oder kurzen Hosen bewegen sich auf einem Terrain, das eigentlich Geschichte bedeutet, im Untergrund, an der Erdoberfläche ist aber Lebendigkeit. Dieser Widerspruch ist auch der Widerspruch des armenischen Selbstbewusstseins – eine Zerrissenheit zwischen Vergangenheit und Zukunft, heute mehr denn je.

Hrant Matevossian hatte genau die Vision, ein Land jenseits des „Land-Seins" zu denken. Auch Musil war sich dessen bewusst, dass Österreich ein „metphysischer Begriff" ist, und das trifft auch auf Armenien zu. Das Tier auf seiner Wiese, auf der Weide, denkt, mit den Worten von Hrant, wohl etwas Ähnliches: Das Atmen ist wichtig, das Spüren der Landschaft, das Spüren der Natur. Das sind wir alle.

Nicht umsonst ist der Sohn des verstorbenen Schriftstellers selbst ein umtriebiger Journalist und Kulturmanager, ein Übersetzer zwischen den Welten, sehr aktiv im Betreiben einer armenischen Ökologie-Bewegung, um das Land, das verstädterte Armenien, vom „Land" her neu zu erfinden, von den Rändern her neu zu entwickeln. So kann der Sohn seinen Vater am besten lieben und Literatur zum Leben erwecken.

Hrazdan

Dieser Fluss, sozusagen die Donau Yerevans, hat sich in ein tiefes Tal eingeschnitten. An den schroffen Felshängen sind noch einige Gebäude erhalten oder wieder rekonstruiert, die die Leichtigkeit des orientalischen 19. Jahrhunderts spüren lassen. Zarte Holzbalkons, fragile Dachkonstruktionen, spielerisch und mit Stolz zusammengefügtes Mauerwerk. Daneben hat der Neokapitalismus gnadenlos zugeschlagen. Protzige Restaurant-Konstruktionen, seltsame Appartment-Burgen verstellen die Sicht auf die Natur der Stadt und machen verständlich, weshalb sich „Herr Hrazdan“, der bescheidene und stolze Fluss, im Vergleich zur Donau bestenfalls ein Flüsschen, schamhaft weiter in die Tiefen des Tuffsteins gräbt. Das nach ihm benannte Fußballstadion ist mit Sicherheit prominenter als er. Ein Sprung von einer der beiden Brücken hinunter ins Wasser ist absolut tödlich, so gut man auch immer schwimmen können mag. Das hat aber nichts mit der Grausamkeit des Gewässers zu tun, sondern mit der Flughöhe. Fliegen und Schwimmen, diese beiden Künste müssen im engen kleinen Land Armenien mit besonderer Sorgfalt gepflegt werden.

„Mair Hayastan" – die Oberweite der Mutter

Noch wichtiger als die Oberweite der „Mutter Armenien", einer Monumentalstatue hoch über der Nationalbibliothek, von freundlichen Panzern umstellt, ist die Länge ihres Schwertes. Das Schwert: zehn Meter, die Oberweite der Mutter: dreißig Meter. Dennoch sieht sie freundlich in ein feindliches Land jenseits der Grenze, die nicht allzu weit entfernt ist, und lädt unter ihrem linken oder rechten Busen romantische Menschen zum Stelldichein. Unter Tags wird im benachbarten Luna-Park den Kindern auf dem Karussell ein wenig schwindlig, doch Mutter Armenien hält tapfer ihr Gleichgewicht, sie ist erotisch und mütterlich zugleich, wenn die Erotik auch etwas streng wirken mag. Unter dem linken Busen zum Beispiel wurden wohl schon die Pläne für jene Kinder geschmiedet, denen im benachbarten Luna-Park schwindlig wird. Doch es ist ein guter Schwindel und das Lachen ist echt. Jenes Lachen, das der Mutter Armenien nicht und nicht über die Lippen kommen will, jenes Lachen, das sowohl den linken als auch den rechten Busen so wunderbar zum Beben bringen könnte. Aber vielleicht passiert das ohnehin, wenn sie sich, mitten in der Nacht, hinlegt und schläft, aber das wissen nur wenige, und die Frage, neben wem sie dann liegt, ist das größte Geheimnis in Yerevan.

Sewan See

Nicht nur für schwangere Frauen ist der See gefährlich, auch für durchtrainierte Taxifahrer. Der eine oder andere soll darin schon ertrunken sein. Wegen seiner schönen Gefährlichkeit ist dieser schier unendliche Wasserspiegel auf 2000 Metern Höhe jedoch immer wieder ein Traum, der auch mit einem Segelschiff überquert werden kann. Seit einigen Jahrzehnten gibt es wieder echte Fische im See, die nicht nur illegal gebraten werden, aber nur den Mitgliedern des Zentralkomitees der KPDSU serviert werden durften – diese Zeiten sind endgültig vorbei. Erschütternd ist andererseits der Anblick der weinenden Bonzen, deren Seegrundstücke nach und nach im Wasser versinken, denn der Wasserspiegel, der sonnenbeschienene Zauberspiegel, in dem die Segel der lachenden Segler sich spiegeln, steigt unaufhaltsam. Für die schwangeren Frauen der Hauptstadt wurden mittlerweile Palmen gepflanzt und warme Woll-Bikinis gestrickt. Auch im Schatten der Klosterkirchen, die vor tausend Jahren den schwangeren Prinzessinnen als edles Gefängnis dienten, lässt sich rasten oder essen. Oder man sieht einfach den Badenden zu, die langsam aber sicher im prickelnden Gebirgswasser friedlich versinken. Bonzen und Taxifahrer sind in den tiefsten Tiefen des Sewan Sees somit friedlich vereint.

Soghomon Tehlirian

Er war kein Held, er war ein schwer verwundeter Mensch. Im Leben schwerer verwundet als durch jede tödliche Verwundung. Wenn jemand selbst nach dem erlebten Tod der Familie und seines Volkes noch aufrecht gehen kann, dann ist dieses Gehen wirklich ein aufrechtes Gehen. Bei der Ermordung des ehemaligen türkischen Innenministers, die Soghomon 1921 in Berlin verübte, ging es nicht um Rache, auch nicht um Gerechtigkeit, auch nicht um Selbstjustiz. Es ging um Klarheit in der Geschichte und um die klare Wahrnehmung der Lebens- und Todesgeschichten von Menschen, es ging um Leben und Tod von Talaat ebenso wie um den Tod von 1,5 Millionen Armeniern, den dieser im rechtsfreien Raum (darf es den überhaupt geben?) mit zu verantworten hatte. Ein Zeichen? Ein gewagtes Zeichen gegen Hilflosigkeit, Schweigen und Vergessen. Was geht in Menschen vor, wenn Unrecht nicht wahrgenommen wird, wenn Wahrnehmung nicht stattfindet?

Das Urteil in Berlin hat eine überraschend klare Sprache gefunden, Geschworene und Richter waren in diesem Moment in der Lage, Klartext zu sprechen: Völkermord ist Völkermord, Verantwortung bleibt Verantwortung und kann nicht verjähren! Die Prozessakten sind Grundlage für jenes Dokument, das Raphael Lemkin schon 1934 für eine internationale Konvention gegen Genozid (Völkermord) vorlegte. Seine Argumentation war eine Basis, um bei der Formulierung der Menschenrechtskonvention zum Thema Völkermord nach 1945 zukunftsweisend zu argumentieren – nach dem Holocaust auch im Hinblick auf den ersten Völkermord 1915 an den

Armeniern. So werden die Papiere des Tehlirian-Prozesses und die Papiere, die zu lebendigem Recht geworden sind, lebendig bleiben, ein lebendiges Gewissen – stets mit dem Hintergrund, dass solche Verzweiflungstaten nie und nimmer eine Lösung sein können, vielleicht ein Zeichen. Aber auch für die Armenier hat all das bis heute zu keiner Lösung, zu keiner Gewissensberuhigung geführt.

„Sourtch" – Kaffee

Dieses Getränk könnte wohlschmeckend sein, auch wenn es in Wien von prätentiösen Oberkellnern serviert wird, von gut angezogenen Menschen, die immerhin eine Mutter haben. Außerdem waren es die Armenier, die seinerzeit den Kaffee nach Wien gebracht haben.

In Armenien wird der Kaffee von den Müttern höchstpersönlich serviert, zu jeder Tages- und Nachtzeit, ob in wachem oder halbtotem Zustand. Jede sehr alte armenische Hausfrau stirbt wohl mit der Jazva in der Hand. Wenn sie ins Grab gelegt wird, ist das Kupfergefäß wohl immer noch heiß. Doch allein die Hitze macht den Kaffee nicht aus, der in Armenien selbst bei ähnlicher Zubereitung mit dem griechischen oder türkischen Kaffee nicht verwechselt werden darf. Immerhin war Signore Adeodato, der das erste Kaffeehaus in Wien eröffnete und auch den Kaffeehandel in Schwung brachte, ein Armenier, der eigentlich Asvadzadourian hieß. Die exquisite Qualität des armenischen Kaffees in Wien war in Yerevan aufgrund der wirtschaftlichen Umstände nicht immer gegeben. Welche Autoreifen in den dunklen Sud in der dunkelsten Zeit, als es kaum noch etwas gab, hineingeraspelt wurden, bleibt ein Geheimnis. In jedem Fall wurde der Kaffee mit Tapferkeit getrunken. Entscheidend war und ist die Temperatur. Eine gute Tasse sollte auch bei minus 20 Grad die Hände wärmen können oder wenigstens das Hirn. Die Beschleunigung des Kreislauf ist ganz und gar nicht das Entscheidende. Aber ab einer gewissen Höhe, und Armenien liegt sozusagen *zu* hoch, hat ja auch schon der Kreislauf natürlicherweise eine Höhe erreicht, die keiner weiteren

Steigerung mehr bedarf. Das geographische Maximum ist bei der Kaffeejause erreicht, was immer die Tassen enthalten mögen.

Swartnots (2). Die Überwindung der Schwerkraft

Hinter diesem Namen, der eigentlich etwas mit Seligen, mit Engeln, mit flatternden Wesen zu tun hat, verbirgt sich ein Flughafen. Ein schönes, buntes, elegantes Gebäude. Nicht zu vergleichen mit seinem Vorgängermodell, das in der Nachbarschaft immer noch mit rostigem Beton in den Himmel ragt. Früher waren die Engel (die Flugzeuge) aus gutem sowjetischem Flugzeug-Stahl, bewohnt, geputzt und belebt von den strengsten Stewardessen der Welt, zu einer Zeit, als „Aeroflot" noch der Inbegriff aller Himmelsreisen war.

Diese fliegenden Engel, die immer gelandet und niemals abgestürzt sind, hießen Tupolev oder Iljuschin, heute werden sie wohl heimlich verschrottet, während ihre Stewardessen längst zum Marmeladeeinkochen in den Dörfern abkommandiert sind. Die Schwerkraft hat sich durchgesetzt, und doch bleibt Swartnots ein Paradies. Mitten in der Nacht kommt man an, mitten in der Nacht hebt man ab. Dazwischen ist Armenien.

Yerevan (1)

„Yerevan“ oder „Eriwan“, aber auch „Jerevan“, hat sich vor Jahrtausenden als „Erebuni“ in die Weltgeschichte eingeschrieben, um eben dort, in der Weltgeschichte, für lange Zeit vergessen zu werden. Wer über den Stadthügel etwas außerhalb des neuen Zentrums spaziert, dem kommen die Tränen, nicht nur wegen der tollkühn verlegten Stromleitungen und im Angesicht des Wellblechs, das traurig im Wind flattert. Sehr zu empfehlen ist andererseits die Hymne der Stadt – „Yerevan – Erebouni“, bei der man auch weinen darf. Die gegenwärtige Metropole des Südkaukasus war eben lange Zeit alles andere als eine Metropole.

Nur Tiflis, Tbilisi, ist vor allem im 19. Jahrhundert ein Ort der Hochkultur und eine Heimat der armenischen Intellektuellen gewesen, die Boomtown des Kaukasus. So gut wie alle Bürgermeister waren armenischer Abstammung, die Bevölkerung (wie man aus dem ersten Telephonbuch unschwer erlesen kann) bestand zu 30 Prozent aus Armeniern (Ärzte, Architekten etc.), zu 30 Prozent aus Deutschen (Zahnärzte, Ingenieure), zu 10 Prozent aus Juden. Die anderen waren schließlich Georgier.

Yerevan wurde zu Beginn der Stalinzeit wieder zur Stadt. Es gibt die „urban legend“, wonach eine Stadt erst eine U-Bahn bekommt, wenn mehr als 1 Million Einwohner dort leben. Dementsprechend wurde ein Masterplan erstellt, um dieses Ziel zu erreichen. Die Satellitenstädte sind das Ergebnis. Schließlich wurden hunderttausende Dorfbewohner in die Stadt verfrachtet, um das Plansoll zu erfüllen, lebten ratlos mit ihren Ziegen auf dem Balkon im elften Stock eines Plattenbaus. Während Tiflis als Kulturstadt verkümmerte, die Stadt mit den armenischen Bürgermeistern, den Gräbern der armenischen Dichter und dem armenischen Viertel, das das Schönste ist, was die Stadt zu bieten hat, wurde Yerevan (Eriwan, Jerevan) zu einem sowjetischen Juwel, nicht zuletzt dank des Stadtarchitekten Thamanian, der den Masterplan des neuen Zentrums entwarf und die urbane Struktur auf die Zukunft hin ausrichtete.

Sein wichtigstes Projekt, einen Wasserfall bis ins Zentrum zu führen (heute nennt sich das Gelände „Kaskaden") wurde leider nicht verwirklicht. Sein „Nordboulevard" ist in den letzten beiden Jahrzehnten zu einer Promimeile für die Mafia und die Schickeria verkommen, veredelt nur von der einen oder anderen Touristenexpertin, mit sieben Sprachen im Kopf und im Herzen.

Der Hauptplatz ist aber gelungen (inklusive Hauptpost) und die „Ringstraße" der Stadt, aber auch der zentrale ehemalige Lenin-Boulevard, heute nach Mesrob Mashtoz (Erfinder der Schrift und Pionier in Theologie und Literatur) benannt, der das Zentrum sehr elegant durchschneidet, mit der Nationalbibliothek und der Statue der Mutter Armenien (siehe „linke Brust") am Ende.

Yerevaner haben einen eigenen Humor, der mit der Fröhlichkeit und Seichtigkeit von Radio Eriwan nur wenig zu tun hat, aber in der Geographie der Stadt eingeschrieben ist. So gibt es einen Bezirk, der zumindest inoffiziell „Bangladesh" heißt, ein anderer Stadtteil, noch trostloser, wird „New York" genannt – die Welt ist also mitten in Yerevan gelandet, ganz zu schweigen vom „dritten Bezirk" („jerort mas"), der mit dem Wienerischen Ottakring zu vergleichen ist – und somit der Schönste aller Bezirke.

Yerevan (2)

Eriwan oder Yerevan oder Jerevan ist ganz und gar nicht „witzig“ im herkömmlichen Sinn. Eine Kultur des Lachens gibt es aber trotzdem. Auch das Lachen über sich selbst.

Es gibt Menschen, die davon ausgehen, dass die Armenier ausgesprochen humorvoll wären. Sie irren, und zwar seit Jahrzehnten, wenn nicht sogar seit Jahrtausenden, da können auch Witzeerzähler nichts dagegen tun. Radio Eriwan existiert zwar tatsächlich, die Redakteurinnen gehören zweifellos zu den schönsten und klügsten des Planeten, doch gelacht wird nur selten, Witze gibt es so gut wie gar keine, immerhin gibt es aber eine Kultur des Sterbens – und eine Sehnsucht nach den Beatles, die ja auch schon ziemlich tot sind.

Dass nicht gelacht wird, das stimmt aber auch nicht so ganz. Es gibt dieses Lachen der Überlebenden, es gibt das Lachen über den Dialekt des Taxifahrers oder das Lachen der Yerevanerinnen über einen Österreicher, der versucht, über das Yerevaner oder Eriwaner Lachen zu schreiben, jenes Lachen, das er ständig hört, das aber eigentlich nicht stattfindet. Vor allem dann nicht, wenn eine todernste Armenierin einen heißen Kaffee serviert oder eine lachende Tragößerin den heißesten Punsch aller Zeiten mitten im Winter aus der Tasche zaubert, nur um zu beweisen, dass Armenien gar nicht oder so gut wie gar nicht existiert.

Es wird aber immer noch weiter gesendet, der Sender sendet und Yerevan ist Jerevan oder Eriwan, wen kümmert das wirklich. Man hat die Schreibtische nicht vergessen, auf denen sich's in der Sonne schreiben lässt, um in der Nacht vieles andere zu tun. Auch die Satelliten sind nicht vergessen, die unermüdlich den Planeten umkreisen, um uns nicht vergessen zu lassen, dass die Erde rund ist, obwohl ein armenischer Autor des 10. Jahrhunderts in der Hoffnung auf unsere größere Bescheidenheit darauf hingewiesen hat, dass ein so stolzes Hirn, mit dem über die Welt im Allgemeinen und im Besonderen nachgedacht wird, um einen Groschenpreis beim nächsten Fleischhauer zu kaufen ist. Das Organ, das Stück Fleisch, mit dem wir denken und meinen, klug zu sein, wird morgen an die Hunde verfüttert, sagte schon ein armenischer Weise vor 1000 Jahren.

Immerhin können wir dieses Organ (wie zum Beispiel das Gehirn) hie und da dazu nutzen, uns zum Lachen zu bringen, wenn auch den Armeniern des Öfteren zum Weinen zumute ist, was den Sekretärinnen der Kulturministerin ganz und gar nicht gut zu Gesicht steht, im wahrsten Sinn des Wortes; denn einige Satelliten kreisen immer noch im Weltraum, der Himmel ist nicht weit und auch die Kulturministerin wird es nie und nimmer verlernen, zu lachen.

Weinen geht auch. Und das armenische Lachen ist so gut wie Weinen, wenn auch ein Weinen mit vorsichtigem Lächeln, was das auch immer bedeuten mag, denn es geht ja immer noch ums Essen, aber nicht nur darum. Der armenische Appetit ist höflich versteckt, aber in der Nacht umso größer. Vor allem dann, wenn die Satelliten fliegen.

Zur Geschichte – Kleine historische Übersicht

800 v.Chr.
Die Urartäer und ihr Reich mit dem Zentrum in der Ararat-Ebene und der Hauptstadt Erebuni (heute Jerevan) gehören zu den historischen Vorläufern der Armenier, deren Kernland sich zwischen Van See (Ostanatolien), Urmia-See (Persien) und Sewan See (heutiges Armenien) befindet.

500 v.Chr.
Das Volk der Armenier wird in einer Urkunde von König Dareios erstmals schriftlich erwähnt. Nationalsprache ist schon damals das Armenische.

ab 300 v.Chr.
Erste armenische Königreiche im Gebiet des heutigen Armenien und im Bereich Ostanatoliens unter den Seleukiden.

ab 200 v.Chr.
Blütezeit unter der Dynastie der Artaxiden.

ab 100 v.Chr.
Tigran der Große herrscht über ein Gebiet vom Schwarzen Meer bis zum Mittelmeer.

70 n.Chr.
Teile Armeniens sind unter römischer Herrschaft.

bis 400 n.Chr.
Dynastie der Arsakiden.

301 n.Chr.
Armenien wird christlich und gilt ab 308 als erster christlicher Staat der Welt.

405 n.Chr.
Das eigene Alphabet, geschaffen von Mesrob Mashtots, revolutioniert die armenische Literatur.

bis 600 n.Chr.
Wechselnde Herrschaften zwischen Byzanz und Persien.

600 n.Chr.
Besetzung durch die Araber.

900 n.Chr.
Teilweise Unabhängigkeit unter der Dynastie der Bagratiden.

1100 n.Chr.
Letztes freies Königreich in Kilikien (Levante)

bis ins 19. Jhdt.
Unterschiedliche Herrschaften (Osmanisches Reich/Iran) unter Beibehaltung eigener Verwaltung, vor allem aber Kultur und Literatur.

24. April 1915
Das Regime der Jungtürken beschließt den ersten systematischen Völkermord, beginnend mit der Verhaftung tausender Intellektueller in Istanbul. Bilanz: 1,5 Mio. Tote.

1918 – 1920
Auf einem Rest-Territorium wird die Republik Nordostarmenien gegründet …

ab 1922
Teile davon gelangen unter sowjetische Herrschaft, das Land wird in der Folge zur „Armenischen SSR“.

1991
Neuerliche Unabhängigkeit des Landes als „Republik Armenien“.

Im heutigen Armenien leben ca. 2,5 Millionen Menschen, in der weit verzweigten Diaspora (vor allem Frankreich und Amerika, aber auch Rußland) weitere 5 Millionen.

Inhalt:

Vorwort 5

Die Menschen

Herr Adamyan 10
Arman 13
Atom Egoyan 15
Bagrat 18
Byron 21
David 23
Hrant Matevossian 26
Karen 29
Komitas 31
Krikor Naregatsi 33
Levon 35
Marine 39
Rouzan 43
Samuel 46
Sergej 48
Stewardessen und Krankenschwestern, Swartnots (1) 50
Tcharents, Jerishe 52
Vahram 55
Vardan 57
Vatchik 60

Die Sprache

„Achr!“ 64
„aipoupen“ – ABC 66
„ari“ – komm her! 68
„asis tchan“ 69
„atchkit louis!“ – Licht für deine Augen 72

„…ba vonts“ –
was sonst noch?… na und?… na klar? …sowieso! 74
„chntrem“ („chntroum em“) – Bitte! 77
„eh!“ 79
„genatst“ – auf dein Wohl, prosit 81
„hai mart“ 84
„hert ganknel“ – in der Schlange stehen 86
„klouche hartugel“ – den Kopf bügeln 90
„mernem kes“ – ich sterb’ für dich
„geankit mernem“ – ich sterb’ für dein Leben 91
„oudem kes“ – ich esse dich 92
„shnorhagaloutioun“ – danke! 94
„… tchan“ 97
„tsavt danem“ – ich nehme deinen Schmerz weg 99

Glossar

Ararat 102
Benzin 104
Berg Karabach/Nagornij Karabach/Artsach 105
„Chorovats“ – das Frühstück, sehr gegrillt 106
Goumairi/Goumry/Alexandropol/Leninakan 107
Hrant Matevossian 109
Hrazdan 111
„Mair Hayastan“ – die Oberweite der Mutter 113
Soghomon Tehlirian 114
„Sourtch“ – Kaffee 116
Swartnots (2) – die Überwindung der Schwerkraft 118
Yerewan (1) 119
Yerewan (2) 121
Zur Geschichte – Kleine historische Übersicht 123

Danksagung

Ich möchte allen armenischen Freunden danken, die mich im Kaukasus durchs Leben getragen haben; viele von ihnen werden sich in diesem Buch auch wieder erkennen). Vor allem aber geht es darum, dass die tragische Vergangenheit der Armenier nach dem Völkermord 1915 und alle dunklen Zeiten sich in eine helle Zukunft verwandeln mögen. Die Schrift ist gut und stark, die Ideen sind lebendig.